CHIEN

1910-1922-1934
1946-1958-1970-1982

Catherine Aubier

avec la collaboration de
Josanne Delangre

FRANCE-
AMÉRIQUE

Dans la même collection :

LE RAT	**LE CHEVAL**
1900 - 1912 - 1924 - 1936	1906 - 1918 - 1930 - 1942
1948 - 1960 - 1972	1954 - 1966 - 1978
LE BUFFLE	**LA CHÈVRE**
1901 - 1913 - 1925 - 1937	1907 - 1919 - 1931 - 1943
1949 - 1961 - 1973	1955 - 1967 - 1979
LE TIGRE	**LE SINGE**
1902 - 1914 - 1926 - 1938	1908 - 1920 - 1932 - 1944
1950 - 1962 - 1974	1956 - 1968 - 1980
LE CHAT	**LE COQ**
1903 - 1915 - 1927 - 1939	1909 - 1921 - 1933 - 1945
1951 - 1963 - 1975	1957 - 1969 - 1981
LE DRAGON	**LE CHIEN**
1904 - 1916 - 1928 - 1940	1910 - 1922 - 1934 - 1946
1952 - 1964 - 1976	1958 - 1970 - 1982
LE SERPENT	**LE SANGLIER**
1905 - 1917 - 1929 - 1941	1911 - 1923 - 1935 - 1947
1953 - 1965 - 1977	1959 - 1971 - 1983

Maquette intérieure et fabrication : J.B. Dumeril

Iconographie : Patrick Ravignant

Couverture : Les Communicateurs avec une illustration de Patrice Varin

Édité et distribué par
France-Amérique
170 Benjamin Hudon
Montréal, Québec
H4N 1H8
Tél.: (514) 331-8507

COMMENT LIRE CET OUVRAGE ?

Chacune des parties de cet ouvrage vous propose une manière particulière de situer votre personnalité dans le cadre de l'astrologie chinoise. Ces différentes perspectives débouchent sur un point de vue élargi, souple et diversifié quant aux principales tendances de votre caractère, de votre comportement et aux grandes lignes de votre destin.

I

Quels sont les traits spécifiques de votre signe chinois, déterminé par *l'année de votre naissance* ? (page 17)

II

Quel est votre Compagnon de route, c'est-à-dire le signe de *l'heure de votre naissance* ? (page 54)

III

Quel est *votre Élément* (Terre, Eau, Feu, Bois, Métal) et quelles en sont les caractéristiques ? (page 67)

IV

La synthèse de votre signe chinois et de votre signe occidental (Bélier, Taureau, etc.) apporte de multiples nuances qui permettent d'affiner sensiblement votre portrait psychologique. Cherchez le *type mixte* auquel vous vous rattachez. (page 92)

V

Le jeu du *Yi King astrologique* adapte l'antique Livre des Mutations taoïste à chaque signe chinois. Il vous offre la possibilité de poser des questions sur tous les problèmes vous concernant, des plus quotidiens aux plus généraux, et d'obtenir des oracles appropriés à votre situation. (page 105)

LES MYSTÈRES DE L'ASTROLOGIE CHINOISE

La légende du Bouddha.

Un certain nouvel An chinois, plus de cinq siècles avant notre ère, le Seigneur Bouddha invita tous les animaux de la création, en leur promettant une récompense à la mesure de sa toute-puissante et miraculeuse mansuétude. L'âme obscurcie par leurs préoccupations du moment — ne dit-on pas en Orient que le propre de l'animal est de manger, dormir, s'accoupler et avoir peur ? — presque tous dédaignèrent l'appel du divin Sage. Douze espèces furent toutefois représentées. Ce furent, dans l'ordre de leur arrivée, le Rat, le Buffle, le Tigre, le Chat, le Dragon, le Serpent, le Cheval, la Chèvre, le Singe, le Coq, le Chien et le Sanglier. D'autres traditions remplacent le Chat par le Lièvre et le Sanglier par le Cochon.

Pour les remercier, le Bouddha offrit à chacun une année qui lui serait désormais dédiée, porterait son nom, resterait imprégnée de son symbolisme et de ses tendances psychologiques spécifiques, marquant, d'âge en âge, le caractère et le comportement des hommes naissant cette année-là.

Ainsi fut établi un cycle de douze ans, épousant la succession et le rythme de ce bestiaire fantastique. (On peut imaginer le travail vertigineux des astrologues si toutes les bêtes avaient répondu à cette convocation !)

Telle est la légende.

Un cycle lunaire.

En réalité, l'astrologie chinoise est très antérieure au développement du Bouddhisme extrême-oriental, dont l'implantation n'a commencé qu'au Ve siècle de l'ère chrétienne, soit environ mille ans après la mission terrestre du Bouddha Gautama. Or des astrologues pratiquaient déjà leur art en Chine dix siècles avant le Christ. Mais les origines mêmes de cette astrologie sont aussi controversées qu'immémoriales.

Un point est incontestable. Contrairement à l'Occident qui a élaboré une astrologie solaire, fondée sur les déplacements apparents de l'astre diurne dont la position change, de mois en mois, dans notre zodiaque, l'Extrême-Orient a édifié une astrologie lunaire, basée sur le cycle annuel des lunaisons. Voilà pourquoi le nouvel An asiatique − fête du Têt chez les Vietnamiens − ne tombe jamais exactement à la même date. (cf. tableau p. 123)

Les phases de la lune sont également importantes pour un astrologue occidental, mais leur signification et leurs implications n'ont rien de comparable, ne s'inscrivant pas dans le même contexte, le même jeu de correspondances.

Sans entrer dans des considérations trop scientifiques − qui sortiraient du propos de cet ouvrage − rappelons simplement l'évidente et multiple influence de la lune, tant au niveau des lois physiques − mouvements des marées − que sur des plans plus subtils concernant la vie du corps − menstruation féminine − et les profondeurs les plus obscures du psychisme. Le terme *lunatique* a un sens tout à fait précis, voire clinique. Des études statistiques récentes ont permis par exemple de souligner un étrange et significatif accroissement de la violence et de la criminalité sanglante les soirs de pleine lune.

D'autre part, des expériences rigoureuses ont démontré l'impact direct de notre satellite sur la composition chimique de certains corps, dont la structure moléculaire peut être modifiée, selon qu'ils sont ou non exposés à la lumière lunaire.

Les nuances.

Nous voici donc avec nos douze animaux emblématiques de l'astrologie orientale. Est-ce à dire que toutes les personnes ayant vu le jour dans une même année du Rat ou du Cheval seront soumises aux mêmes schémas de caractère et de destin ? Pas plus que les natifs du Bélier ou de la Balance ne sont tous réductibles à un même scénario zodiacal.

Dans notre astrologie occidentale, la position des planètes, le calcul de l'Ascendant, du Milieu-du-Ciel et des Maisons permettent d'affiner et d'individualiser considérablement un thème. De même, en Asie, on obtient des résultats d'une surprenante minutie et complexité en intégrant aux données initiales des facteurs tels que le *Compagnon de Route*, déterminé par l'heure de naissance (mais à ne pas confondre avec notre Ascendant), et l'*Élément* prédominant, qui se rapporte aux cinq Éléments – *Terre, Eau, Feu, Bois, Métal.*

Ce triple point de vue – *animal emblématique, Compagnon de Route* et *Élément* – offrira au lecteur une diversité de références complémentaires, un ensemble de perspectives plus riches et plus précises, auquel nous avons adjoint un tableau détaillé des rapports entre signes chinois et signes occidentaux : les deux astrologies étant, par nature, toujours différentes, mais jamais contradictoires, leur rapprochement et leur fusion ne pouvaient aboutir qu'à un approfondissement des types psychologiques issus de l'une et de l'autre.

Il faut cependant insister sur le fait que si l'analogie tient une place éminente dans l'astrologie chinoise, elle n'a ni le même sens, ni la même portée souveraine que pour les Occidentaux.

Chaque signe chinois est un univers en soi, un petit cosmos comportant des lois et des domaines propres, tout à fait indépendants des autres signes. Créature vivante, douée de pouvoirs et de fonctions spécifiques, cet animal emblématique se déploie dans une dimension particulière, originale, crée sa jungle, son nuage, ou son souterrain, définit ses mesures, ses cadences, sa respiration, secrète sa propre chimie – ou plutôt son alchimie. C'est une image souple, mobile, fluctuante, assujettie aux métamorphoses et aux contradictions internes.

Il ne faut surtout pas y chercher un cadre fixe, une

structure rigide, une cage de catégories mentales et d'équations psychologiques plus ou moins rassurantes, où calfeutrer et caler un ego angoissé, toujours en quête d'une réconfortante et flatteuse projection de ses désirs et de ses craintes.

Les correspondances qui nous relient à notre signe chinois sont souvent impossibles à figer dans des formules exclusives, des classifications linéaires.

Le symbole asiatique ne se cerne pas ; il se décerne, comme un cadeau des dieux, du Temps et du Mystère, cadeau savoureux ou empoisonné, qu'un Oriental accepte, avec humilité, dans les deux cas, parce qu'il sait que la saveur peut naître du poison, comme le poison de la saveur.

*Le Sage
Confucius*

Parfois, dans le cours d'une vie, ce sont les circonstances elles-mêmes, plus que tel ou tel trait de caractère, qui semblent véhiculer et concrétiser les principales tendances du signe. En d'autres termes, autour d'un Dragon ou d'un Coq se construira une certaine trame d'événements, majeurs ou mineurs, un peu comme un fond sonore, un arrière-plan symphonique de style Dragon ou Coq.

Avoir et Être.

L'astrologie chinoise inspire et infléchit, depuis des siècles, les décisions et le comportement de centaines de millions d'individus, en Chine, au Japon, en Corée, au Vietnam, avec une intensité qu'il nous est difficile de mesurer et même d'admettre.

Le retour sur soi-même

Pour mieux comprendre l'esprit dans lequel les Asiatiques rattachent cette pratique à leurs problèmes quotidiens, il faut souligner un point capital, qui constitue probablement la différence fondamentale entre les civilisations occidentale et orientale — une ligne de partage et de démarcation quasi infranchissable.

Dans notre société de consommation — quelle que soit la nuance admirative ou péjorative associée à ce terme — la question primordiale, de la naissance à la mort, et à tous les niveaux d'activité, se pose ainsi : « *que puis-je avoir ?* » Acquérir, conquérir, posséder. Avoir : biens matériels, fortune, chance, honneurs, pouvoir, célébrité, succès amoureux, prestige, métier, famille, santé, maison, amis, ou encore culture, savoir, érudition. Que puis-je avoir, conserver, accroître ?

Telle est bien la question lancinante, obsessionnelle, qui sous-tend l'ensemble de nos motivations.

Il suffit de songer aux *modèles* qu'on nous propose : vedettes politiques, super hommes d'affaires, stars du spectacle, artistes ou savants célèbres, champions sportifs, héros de romans noirs ou de bande dessinée, idoles de tous poils, tous ces personnages incarnent le triomphe et la glorification de l'Avoir. Ils peuvent tous dire : « j'ai le plus de puissance, j'ai le plus d'argent, j'ai le plus de records, j'ai le plus de diplômes et de compétences, ou même, j'ai le plus grand amour et, encore, pourquoi pas, j'ai le plus terrible drame, la plus affreuse maladie », etc. La valorisation passe exclusivement par l'avoir.

Bien mieux : la publicité, aujourd'hui omniprésente, consiste, pour l'essentiel, à proclamer qu'il faut absolument *avoir* telle ou telle marque de tel ou tel produit pour *être* — dynamique, séduisant, bien dans sa peau, heureux, comblé.

Pour l'Orient traditionnel, la question décisive n'est pas « *que puis-je avoir ?* » mais « *que puis-je être ?* ».

Le modèle recherché n'est pas celui du grand chef, du superman de la finance, du héros, du champion toutes catégories, mais celui du Sage, pauvre et nu, vivant dans une liberté intérieure totale et une parfaite béatitude. Devant lui, les princes et les magnats se prosternent, car il est l'image de la plus haute réalisation possible de l'homme.

Ajoutons que dans cette perspective, le Sage ne renonce à rien, bien au contraire, puisque ayant atteint la suprême

Les mondes subtils

réalité il est incommensurablement plus riche que les plus fastueux nababs. C'est nous qui, par nos attachements fragmentaires et illusoires, nos convoitises infantiles, nos incessants conflits, renonçons continuellement à la plus merveilleuse félicité – à Dieu.

« *Qui suis-je ?* » Quelles que soient les approches et les méthodes particulières, écoles, sectes ou ascèses, cette question − en apparence si simple et si banale − est la base et la clef de toute la culture orientale, de ces chemins de libération intérieure, ces voies de connaissance réelle qui se nomment Yoga, Védanta, Tantrisme, Tao, Zen, pour ne citer que les plus connus.

Dans cette optique, la démarche astrologique chinoise peut nous paraître déconcertante. L'Asiatique ne pense pas : « *j'ai* telles prédispositions, aptitudes ou faiblesses, inhérentes à mon horoscope », mais plutôt : « comment puis-je *être* Tigre, ou Chèvre, ou Chien, dans toutes les circonstances de la vie ? »

Les penchants et tendances ne sont jamais l'objet d'un quelconque « avoir », au sens où nous disons couramment : « je possède telle qualité ou tel défaut. » Il s'agit plutôt de directions, impliquant une progression souple et rythmique, une sorte de danse poétique du destin, chaque animal ayant alors son pas, ses pirouettes et ses entrechats, toute une chorégraphie spécifique.

Cette nuance doit être bien perçue pour qui veut évoluer sans s'égarer ni tourner en rond dans cet immense domaine de chatoiements et de mouvances.

Le Yi-King astrologique.

Dans la dernière partie de ce volume, nous proposons un jeu inspiré des oracles du Yi-King, et adapté à chaque signe.

« Le Yi-King, écrit Alan Watts (*Le Bouddhisme Zen*, Payot), est un ouvrage de divination contenant des oracles basés sur 64 figures abstraites, chacune d'elles étant composée de 6 traits. Ces traits sont de deux sortes, traits divisés ou négatifs, et non divisés ou positifs. Un psychologue moderne y verrait une analogie avec le test de Rorschach dont le but est d'établir le portrait mental d'un individu d'après les idées spontanées que lui suggère une tache d'encre au dessin tarabiscoté. Le sujet capable de percevoir ses projections dans la tache d'encre pourrait en déduire des renseignements utiles pour guider son comportement futur. Considéré sous cet angle, l'art divinatoire du Yi-King ne peut être taxé de vulgaire superstition.

Un pratiquant du Yi-King pourrait en effet soulever une critique de poids concernant les méthodes auxquelles nous faisons appel lorsque nous avons d'importantes décisions à prendre. Nous sommes convaincus que nos décisions sont rationnelles parce que nous nous appuyons sur un faisceau de données valables touchant tel ou tel problème : nous ne

Rapport des signes et des maisons lunaires

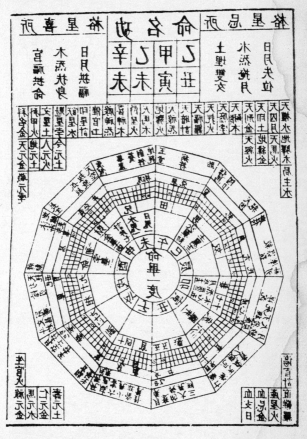

nous en remettons assurément pas au jeu de pile ou face. Il pourrait cependant demander si nous savons quelle information est vraiment valable étant donné que nos plans sont constamment bouleversés par des événements absolument imprévisibles. Si nous étions rigoureusement rationnels dans le choix des informations destinées à guider notre comportement, il faudrait tellement de temps que le moment de l'action serait écoulé avant que l'on ait recueilli suffisamment de données. En fait, si nous nous lançons à la recherche de ces informations d'une façon initialement scientifique, nous sommes rapidement contraints d'agir, soit sur un caprice intuitif, soit parce que nous sommes fatigués de réfléchir ou que le moment est venu de choisir.

Autrement dit, nos décisions les plus importantes sont basées en majeure partie sur des impressions, sur notre capacité à « sentir » une situation.

Tout pratiquant du Yi-King sait cela. Il sait que sa méthode n'est pas une science exacte, mais un instrument utile et efficace s'il est doué d'une intuition suffisante, ou, comme il dirait, s'il est *« dans le Tao »*...

Immergeons-nous pleinement dans cet univers féérique, afin d'élargir notre vision du monde et d'affiner la perception de notre propre destin.

LE YIN ET LE YANG

Le *Yin* et le *Yang* sont le symbole des deux principes antagonistes et complémentaires dont le jeu indissociable et la constante métamorphose représentent le fondement, le tissu même de l'univers en action. Ils figurent les éternelles paires d'opposés Positif-Négatif, Oui-Non, Blanc-Noir, Jour-Nuit, Plein-Vide, Actif-Passif, Masculin-Féminin, etc. Chacun contient l'autre en germe. C'est pourquoi l'homme (Yang) porte en lui une part féminine (Yin) et la femme (Yin) une part masculine (Yang).

Le couple Yin-Yang est indissoluble et mouvant, chacun des deux termes devenant le terme opposé et complémentaire. C'est ce qu'exprime la traditionnelle figure

Au moment où le Yang (blanc, actif) est à son apogée − partie renflée − le Yin (noir, passif) se substitue à lui insensiblement − partie effilée − et réciproquement.

Le Yin et le Yang n'ont en aucun cas un caractère « moral ». Aucun des deux n'est supérieur ou inférieur à l'autre. Leur opposition est aussi nécessaire et peu conflictuelle que celle de la main gauche et de la main droite qui se frappent pour applaudir.

LES TYPES YIN ET YANG

Le Rat - le Buffle - le Chat - le Singe - le Chien et le Sanglier sont **Yin**.

Le Tigre - le Cheval - le Dragon - le Serpent - la Chèvre et le Coq sont **Yang**.

L'homme Yin

Apparence : L'homme Yin est souvent de forte corpulence, sa taille est moyenne, ses muscles développés. Il jouit d'une excellente résistance physique, et sa santé est solide. Il a souvent le visage rond mais ne sourit pas beaucoup.

Psychologie : L'homme Yin est avant tout préoccupé par lui-même : il a tendance à « tourner autour de son nombril ». Si son comportement est calme, son humeur est instable et dépend des ambiances. Il possède une grande confiance en lui-même, mais craint l'échec.

Sociable, accueillant, il est optimiste vis-à-vis de lui et vis-à-vis des autres. Sa vie est active, il est pragmatique et efficace dans ses entreprises.

L'homme Yang

Apparence : Est de corpulence moyenne, souvent élancé, svelte ; son visage est souriant, il aime les couleurs vives. De santé délicate, il lui est conseillé de prévenir plutôt que guérir.

Psychologie : L'homme Yang est un individualiste porté vers la recherche personnelle, l'évolution, la méditation. Il est intelligent, indépendant, parfois solitaire. Il n'a aucun sens de la hiérarchie, et croit en la liberté. Il préfère l'isolement et le contact avec la nature à la foule. Contrairement à l'homme Yin, il cherche son équilibre en lui-même au lieu de le trouver chez autrui.

(« Tradition astrologique chinoise », de Xavier Frigara et Helen Li, Éditions Dangles.)

1re partie :

LES DOMAINES
DU CHIEN

Le CHIEN
et son symbolisme

On dit du Chien qu'il est de nature pessimiste et angoissée, sans réellement s'interroger sur l'origine de ses tourments. Après tout, le chien est notre compagnon fidèle, animal affectueux et familier ; il fait partie de notre univers, de notre décor, parfois de notre standing. Contrairement au chat qui nous impose son mystère, tout en daignant nous apporter un peu d'affection, le chien se donne, se soumet à la volonté de l'homme avec amour. C'est peut-être sous cette servitude apparente, que le chien cache son identité profonde, la vie n'étant pour lui qu'un passage, l'anti-chambre d'un autre monde. A travers les contes et légendes, on le voit souvent condamné à errer entre deux univers, dans l'inquiétante grisaille des mondes intermédiaires, au seuil de terrains vagues crépusculaires marquant le seuil des régions obscures de l'âme.

Pauvre chien, dirons-nous, à titre de consolation : mais après tout, n'est-il point là pour nous rassurer, nous protéger, nous aimer ? Nous ne lui en demandons pas plus. Et c'est justement ce « plus » que le chien tente de nous communiquer, de nous exprimer désespérément, mais nous restons sourds à son appel, incapables de traduire son langage ; alors le chien s'en retournera docilement se coucher à nos pieds, flattant la main qui le caresse, dans l'attente de la nuit où il se fondra, devenant guide ou compagnon des mondes souterrains et invisibles, tradition-nellement associé à la Terre, à l'Eau − et à la lune, qu'il insulte ou supplie.

Si le chien courbe l'échine, c'est peut-être sous le poids de sa lourde hérédité. En effet, il s'apparente souvent au monde de la mort, aux enfers, aux carrefours de l'au-delà, au royaume des ténèbres et des glaces. Sous les traits d'Anubis, dans le livre des Morts Égyptiens, il guide les âmes au cours de leur voyage funèbre, ou il hurle à la pleine lune, hantant les cimetières, auprès de la terrifiante Hécate, déesse lunaire, déesse des morts, magicienne et sorcière « présidant aux apparitions des fantômes et des sortilèges ». (*Dictionnaire des Symboles,* R. Laffont.)

Dans la treizième et dernière constellation de l'ancien zodiaque mexicain, dite constellation du chien, nous le retrouvons, comme celui qui introduit aux idées de mort, de fin, de monde souterrain, symbole de l'initiation à la mort et à la renaissance.

Citons encore l'illustre Cerbère de la mythologie grecque : « Couché dans un antre, sur la rive du Styx, où il était attaché avec des liens de serpents, il gardait la porte des Enfers et du palais de Pluton. Il caressait les ombres qui entraient, et menaçait de ses aboiements et de ses trois gueules béantes celles qui voulaient en sortir. » (*Mythologie grecque et romaine,* Commelin, Garnier.)

Quittons ce chien des ténèbres et passons la frontière pour rejoindre La Fontaine dans la fable du loup et du chien :

« Un loup n'avait que les os et la peau,
Tant les chiens faisaient bonne garde :
Ce loup, rencontre un dogue aussi puissant que beau... »

Bref, ce loup misérable aurait bien troqué ses haillons contre une belle livrée, mais pour cela il faut : « flatter ceux du logis, et à son maître complaire... »

Or, « Chemin faisant, il vit le cou du chien pelé.
Qu'est-ce là ? lui dit-il – Rien – Quoi ! Rien ? – Peu de chose.
Mais encor ? Le collier dont je suis attaché
De ce que vous voyez est peut-être la cause. –
Attaché ! dit le loup : Vous ne courez donc pas
Où vous voulez ? – Pas toujours ; mais qu'importe ! »
Et le loup de s'enfuir et de courir encore...

Pauvre Chien ! Non content de lui avoir volé son âme, l'homme lui a volé sa liberté et pourtant, le chien plaide sa cause, intercédant auprès des dieux. Gardien des portes et des ponts, guide et rôdeur éternel, jusque dans l'au-delà, il reste compagnon fidèle.

Le gardien de la sagesse

Petit mémento
du Chien

Principales qualités : loyal, fidèle, désintéressé.

Principaux défauts : anxieux, pessimiste, doute de tout, nous sommes dans une vallée de larmes...

Dans le travail : très actif et honnête ; sait se faire apprécier de ses supérieurs comme des subalternes, car il sait manier les hommes et fait souvent passer l'intérêt collectif avant le sien.

Son meilleur rôle : Cassandre.

Sa plus mauvaise prestation : comique troupier.

Vis-à-vis de l'argent : sa famille en a besoin, alors, il en gagne. Mais au fond, pour lui, ce n'est que du papier... Il aurait été plus à l'aise à l'époque du troc.

Sa chance : naître le jour. Le Chien né la nuit passera toute sa vie sur le qui-vive, comme une sentinelle immuable...

Il ne peut pas vivre sans : tendresse.

Il adore : tout ce qui est occulte, mystérieux, bizarre, para-normal, para-psychologique, para-tout ! Y compris para-tonnerre, car souvent il a peur de l'orage.

Il déteste : qu'on lui démontre par A + B l'existence irréfutable d'une réalité qu'il n'est pas disposé à admettre.

Ses loisirs : il aime le cinéma, en particulier les films fantastiques ou d'horreur, les soirées paisibles au coin du feu, « loin de la foule déchaînée »...

Ses lieux de prédilection : il a un faible pour les paysages sauvages et romantiques, les contrées reculées foisonnant de légendes. Il devrait aimer l'Écosse, l'Irlande, la Bretagne...

Couleurs : le noir et le bleu foncé, couleurs de la nuit...

Plantes : le pavot et le nénuphar.

Fleurs : la fleur d'oranger, et le coquelicot, qui se fane lorsqu'on le coupe...

Métiers Chien : directeur d'entreprise de pointe ou syndicaliste : de toutes façons il s'attache à la « qualité », au « niveau de vie » des employés, etc. Puis : prêtre, mission-naire, éducateur d'enfants inadaptés, infirmière, magistrat, juge, avocat, médecin, savant, chercheur, prédicateur, et... critique.

Les quatre âges de la vie du Chien d'après la tradition chinoise

La vie du Chien est souvent instable, sauf peut-être son *enfance* si ses parents le protègent. Sa *jeunesse*, tourmentée par des amours souvent difficiles, ne lui laissera pas toujours de bons souvenirs. Sa *maturité* sera hantée par des rêves de vaches maigres, et sa vieillesse attristée par le regret de n'avoir pas profité de la vie quand il en était temps. Mais il y a un remède : qu'il apprenne, dès son enfance, la valeur du moment présent, porteur de joie.

La psychologie du Chien

« J'aurai beau tricher et fermer les yeux de toutes mes forces, il y aura toujours un chien perdu quelque part qui m'empêchera d'être heureuse... » Anouilh (Chien) « La Sauvage ».

Les plus belles qualités que l'on puisse trouver à un homme – comme à un animal ami de l'homme – sont réunies sous le signe du Chien, qui, bon gré mal gré, attire sur sa tête, ô combien têtue, l'admiration et l'estime de l'astrologie chinoise, des origines jusqu'à nos jours. « Mais moi, dit le Chien, j'aurais préféré avoir, tout bêtement, de la chance, comme ceux qui font tant de bruit, vous savez... les Dragons, c'est ça, ou bien comme les Chèvres qui trouvent toujours un protecteur »...

Et ceci nous amène à une première constatation : les Chiens ne sont jamais contents !

Il est vrai que la Chance, cette joueuse indocile, infidèle et hasardeuse, ne les favorise pas systématiquement ; il est vrai, aussi, que d'après la tradition « Chaque Chien a son heure de gloire ». Alors que se passe-t-il ?

Il se passe qu'il existe chez les natifs du Chien, comme chez ceux des onze autres signes du Zodiaque chinois, une *constante* qui sert de « point de ralliement » à tous les comportements variés, possibles et imaginables, que des êtres nés durant une même année sont susceptibles d'avoir... Un peu comme il y a trente-six différentes races de chien, mais un chien est toujours un chien, comme « un chat est un chat ».

Cette constante, qu'il nous faut garder sans cesse présente à l'esprit en abordant la psychologie nuancée et complexe de l'avant-dernier des animaux chinois, c'est l'*inquiétude*. Tout vient d'elle, tout dérive d'elle, et les attitudes les plus contradictoires y prennent leur essor, un peu comme la douce rivière ou le violent torrent peuvent naître à une même source.

J'ai beaucoup d'amis du Chien – et je passerais volontiers quelques minutes par jour à en remercier Bouddha ! car ce sont des êtres exceptionnels. Ils ne se ressemblent aucunement – en apparence – mais ils sont tous, viscéralement, épouvantablement, à-jamais-inquiets.

L'un déploie une activité forcenée, déplace énormément d'air, et tourne beaucoup dans son bureau, comme un... ours en cage, téléphone à la main, occupé à résoudre des problèmes ardus. Il pratique la réaction classique, bien connue des « psy » de toutes sortes, appelée « fuite en avant ».

Un autre fait peu de bruit, mais recherche avec une sorte de pessimiste persévérance le lieu idéal où abriter ses insomnies. On le croit paisible et insouciant... Que nenni !

Un troisième professe, vis-à-vis de son entourage, la plus grande décontraction quant à son avenir professionnel. Mais il n'arrive pas à s'arrêter de travailler trois minutes, se fait traiter de tyran par sa famille et a perdu le sommeil depuis belle lurette. Leur point commun, c'est cette perpétuelle angoisse, cette éternelle tentation de dire « A quoi bon, je ne suis que de passage sur cette terre et tout ce que je construis redeviendra poussière »...

Cette attitude d'héroïsme à la fois détaché et sceptique, cette certitude étrange du caractère fugace des réalités, trouve une poétique illustration dans le dernier paragraphe du mythe sumérien de Gilgamesh, étroitement relié symboliquement au Zodiaque occidental. Dans ce dernier passage (assimilable au Verseau et aux Poissons – derniers des douze signes) le Héros Gilgamesh a perdu à jamais son ami le plus fidèle. Il erre et s'interroge, cherchant à évoquer l'esprit du disparu :

« Dis-moi, mon ami, dis-moi, mon ami,
Dis-moi la loi du monde souterrain que tu connais.

– Non, je ne te le dirai pas, mon ami, je ne te le dirai pas ; si je te disais la loi du monde souterrain que je connais,
Je te verrai t'asseoir pour pleurer !

– Eh bien, je veux m'asseoir et pleurer.

– Ce que tu as eu de plus cher, que tu as caressé et qui plaisait à ton cœur,
Comme un vieux vêtement, est maintenant rongé de vers.
Ce que tu as eu de cher, que tu as caressé et qui plaisait à ton cœur, est aujourd'hui couvert de poussière.
Tout cela dans la poussière est plongé
Tout cela dans la poussière est plongé. »
(Cyrille Wilcovski, *« l'homme et le zodiaque »,* Ed. Du Griffon d'Or ».)

Chez les natifs du Chien, tout se passe comme si une fée quelque peu malintentionnée leur avait inculqué cette philosophie dès le berceau. Ils arrivent en effet sur terre encore lourds des espoirs inassouvis et des culpabilisations

Les éternels gardiens

DUNAIRE.

de leurs vies antérieures ; et ils font leur chemin courageusement, sans trop lorgner un résultat immédiat, en attendant l'inévitable moment de rendre le dernier soupir et d'accéder à une vie future − celle où, enfin, ils connaîtront la paix, le *Nirvanà... celle qu'ils ne peuvent pas connaître ici.*

Pour comprendre ce curieux déroulement psychologique, il est bien sûr nécessaire d'être ouvert − comme les orientaux − aux notions de Karma, et de réincarnation. Sinon, aucune réelle compréhension des natifs du Chien ne saurait être obtenue : elle demeurera superficielle, basée sur des traits de caractère qui ne signifient pas grand chose lorsqu'on leur enlève leur dimension philosophique et spirituelle.

Les Chiens semblent souvent un peu absents, « en pénitence » :

« Elle est *en peine* et *de passage*
L'âme qui souffre sans colère,
Et comme sa morale est claire... » (Verlaine).

Ils ont plus que tout un chacun tendance à se dire « Mais qu'est-ce que je suis venu faire dans cette galère »... Et y demeurent contre vents et marées, car ils sont obstinés, courageux, persévérants, conscients de leurs devoirs et de leurs responsabilités, jusqu'à l'obsession.

Leur sociabilité est limitée, et s'ils sont capables de s'épanouir, d'être chaleureux et amusant dans l'intimité, ils détestent et mettent dans un même sac (qu'ils jetteraient au fond de l'eau avec un ineffable plaisir !) noubas familiales, fêtes carillonnées, réunions mondaines, cocktails d'inauguration, etc. Si un ami du Chien vous voit vous parer joyeusement pour une quelconque sortie, il vous fera remarquer, acerbe : « Tu as vraiment envie d'aller faire le clown avec cette bande de... ». Suit une épithète que je n'oserais vous répéter !

Même les Chiens les plus communicatifs, les plus « adaptés », ne peuvent s'empêcher, passée la première griserie, digérés les premiers petits fours, de critiquer l'assistance avec cynisme. On les trouve, en général, très drôles dans cette prestation – à condition de ne pas être visé.

Le sens du ridicule existe à l'état endémique chez tous les natifs du Chien : lucides, ils sont conscients de leurs propres faiblesses et se moquent souvent d'eux-mêmes ; mais leur humour est aussi noir que le fond d'un tunnel, la nuit. Ils sont souvent acides, percutants, vis-à-vis de ce qu'ils méprisent : l'arrivisme, le pouvoir, la superficialité, l'inconstance. Mais ils n'ont pas leur pareil pour écouter les doléances, se mettre à la place d'autrui, et tendre la main à ceux qui se noient. Ils n'en attendront jamais de reconnaissance : ils font cela parce que c'est leur rôle sur terre de le faire. C'est sans doute encore un des bizarres enseignements de la fée dont nous parlions tout à l'heure...

Généreux, désintéressés, nobles et loyaux, admirablement fidèles, ils sont peu faits pour ce monde brutal où règnent combat, compétition et croche-pieds. Comment alors ne pas admettre qu'ils se sentent rarement adaptés, à leur place, et bien dans leur peau ?

Une des raisons de leur malaise est certainement aussi la méfiance. Les Chiens agissent souvent, vis-à-vis des inconnus, comme les sentinelles d'un château du Moyen Age. « Qui va là ? montrez patte blanche... Et où sont vos lettres de recommandation ? Comment puis-je être sûr que vous n'êtes pas un ennemi, et que vous n'allez pas brûler mon château, enlever ma femme et violer mes filles ? »

Il n'est pas toujours facile, pour les autres, de trouver une réponse immédiate...

Il ne faut pas le pousser dans ses retranchements

Émotifs, hyper-sensibles, voire craintifs – même s'ils ne le montrent pas – mais profondément honnêtes et rigoureux – les Chiens sont dignes de confiance. Mais leur pessimisme leur nuit, car, alors même qu'ils ne se découragent jamais – noblesse oblige ! – ils sont souvent décourageants pour leur entourage, qui ne se sent guère l'envie de vivre dans l'attente perpétuelle d'une catastrophe. Par leur côté un peu statique, ennemi des imprévus qui viennent déranger leurs frontières, leur attitude parfois rébarbative, leur timidité aussi – ils sont peu sûrs d'eux-mêmes – ils sont souvent mal jugés ou mal compris. « Qu'importe ! vous répondra le natif du Chien. Mon royaume n'est pas de ce monde »...

Le Chien anxieux n'aime pas l'imprévu. Il a passé si longtemps à délimiter son territoire, armer ses frontières, garnir ses créneaux de baquets d'huile bouillante, qu'il supporte mal qu'un événement extérieur vienne perturber son organisation. Attention : ses structures sont fragiles – ne lui enlevez jamais ses béquilles sans lui tendre aussitôt un bras amical – les Chiens battus s'en souviennent toujours...

Madame Chien

Il convient d'accorder un paragraphe particulier à Madame Chien, car la tradition chinoise la décrit comme assez différente de son homonyme masculin – bien qu'elle possède les mêmes qualités d'honnêteté, de gentillesse, la même inquiétude, la même vulnérabilité.

Madame Chien est ambitieuse et aspire plus que « son homme » à la sécurité matérielle. Douée, créative, elle manque un peu de persévérance, et tend à s'arrêter en cours de route, prétextant des contraintes extérieures pour se justifier, dans le style « Ah, si je n'avais pas eu d'enfants, j'aurais fait ceci ou cela, continué mes études, obtenu ce travail, passé ce diplôme... ».

La gloire l'intéresse, mais elle répugne aux compromissions, aux concessions, et se retire lorsqu'elle ne se sent plus en accord avec elle-même.

Elle est séduisante, impatiente, adore bavarder : elle est plus sociable que Monsieur Chien. Mais c'est toujours entourée d'amis, d'enfants, d'animaux familiers, « dans sa niche » qui peut être pavillon, petit appartement ou palais, qu'importe, qu'elle trouve ses plus grandes joies. Son défaut est, paraît-il, d'être un peu bornée et de refuser d'admettre de façon assez systématique l'utilité des choses qui ne font pas partie de son univers immédiat.

L'enfant Chien

Vous pouvez beaucoup pour aider un enfant du Chien à trouver son bonheur sur cette terre, plutôt que de passer sa vie à rêver d'autre chose, du passé ou de l'avenir, sans apprécier le présent. C'est un gosse sensible et affectueux, facile à vivre à condition d'avoir des parents attentifs et compréhensifs. Il peut avoir des accès d'imagination morbide, être terrorisé par le noir, s'inventer des peurs et des angoisses pour mieux savourer par la suite la joie de se sentir en sécurité, bien au chaud dans son lit.

S'il aime les histoires de Dracula plutôt que le Petit Poucet, laissez-le lire à sa guise, mais de grâce, ne lui dites jamais que celui-ci, accompagné de son copain Frankenstein va venir la nuit le dévorer ! il en demeurerait insomniaque jusqu'à la fin de ses jours. En effet, le jeune Chien reste longtemps marqué par les événements et sépare mal, dans ses premières années, le rêve de la réalité. Ce qui lui semble un jeu exaltant peut devenir à ses yeux un danger si son père ou sa mère − divinités infaillibles − en évoquent l'existence en tant que fait potentiel.

Il est également conseillé d'offrir à cet enfant un contact avec la nature, et son cycle éternellement recommencé. Cela le rassurera − et d'autre part ce sera sa façon d'entrer en contact avec le divin, car il a souvent une âme mystique.

Assez exclusif, il accueille mal l'arrivée de frères ou de sœurs plus jeunes, car il craint de perdre l'amour de ses parents : n'oublions pas qu'il a besoin d'être *préféré*, et entouré d'amour. Mais n'ayez crainte : il n'aura pas son pareil pour défendre son petit frère, et aider sa petite sœur à faire ses devoirs. Il est profondément serviable, et dévoué.

Introverti, il s'adapte difficilement à l'école. Mais il s'entendra bien avec les enfants du même signe que lui, qui ont les mêmes problèmes.

En revanche, si d'une façon quelconque, il se sent rejeté, abandonné ou exclu (et il lui en faut peu), il est capable de développer un ressentiment intense et rancunier vis-à-vis des auteurs de ses jours, de se renfermer sur lui-même, de vivre en solitaire. Cela n'arrangera pas sa vie à venir. Alors, aimez-le. Ne l'étouffez pas (il aime la liberté, la réflexion, le calme) mais écoutez-le, aidez-le sans essayer de

Une enfance difficile

le former à votre image. Il apprendra ainsi à aimer la vie sans se sentir « obligé de vivre ».

Vie sentimentale

Les Chiens sont fidèles, et, aux aventures de passage, ils préfèrent les longues liaisons sécurisantes. Si vous rencontrez un Chien fort occupé à draguer et batifoler, ne vous y trompez pas : il cherche l'âme sœur. Dès qu'il aura l'impression de l'avoir trouvée, il s'arrêtera, avec un soupir d'aise.

Dans l'intimité, ces animaux sont, la plupart du temps, affectueux, tendres, sensuels et même passionnés. Mais une fois liés, ils respectent leur engagement, et sans être imperméables à la tentation, ils savent y résister, car sauvegarder leur foyer est pour eux la chose la plus importante.

Malgré toutes ces qualités, les Chiens ne sont pas toujours immuablement heureux en amour. Ils sont jaloux, inquiets, ont besoin d'être tout le temps rassurés sur les sentiments qu'on leur porte.

Leur côté pessimiste, leur tendance à envisager toujours des catastrophes deviennent lassants, à la longue, et découragent les mieux intentionnés. En fait, si leur solidité morale, leur fidélité affective sont des gages de stabilité, leur humeur inégale, très dépendante des ambiances et des attitudes d'autrui, ne contribue pas à les rendre sécurisants. Ils sont terriblement émotifs et intuitifs, ils « sentent » les sentiments chez l'autre... Mais tournent tout en noir. Il leur faut très longtemps pour se détendre, pour faire vraiment confiance à quelqu'un, parfois toute une vie... Et il en est qui n'y parviennent jamais, et continuent à guetter une éventuelle indifférence de l'être aimé, une possible escapade, lui empoisonnant la vie par de perpétuels soupçons. Ce sont souvent des chantres de la solitude, de l'amour déçu et des lointaines − et inaccessibles − bien aimées.

Le mariage leur est conseillé − en tant qu'institution légale, garde-fou, rempart contre les tentations, les trahisons et les prédateurs. Mais qu'ils épousent quelqu'un d'optimiste !

Ils sont, en revanche, des amis fidèles, toujours présents dans les coups durs. Lors des grandes épreuves de votre vie, comptez les amis qui vous restent : vous vous rendrez compte, comme moi, qu'il y a parmi eux un fort pourcentage de Chiens.

Vie familiale

Les Chiens sont souvent des parents exclusifs, anxieux de bien faire et un peu étouffants, surtout lorsque l'enfant est du sexe opposé au leur. Gare à vous si vous voulez séduire la charmante fille d'un natif du Chien. N'y courez pas nuitamment, en cachette, sous peine de déclencher une sonnette d'alarme et de vous retrouver sur le palier, en train de frotter un postérieur douloureusement marqué par la vigilance de Monsieur-Chien-de-garde-des-vertus-mena-cées.

Très concients de leur devoir, ces géniteurs seront de toutes les réunions de parents d'élèves, et dévoreront tous les bouquins traitant de l'éducation et des maladies enfantines. Ils prendront à peine le temps de souffler !

D'ailleurs ils sont positivement attendrissants quand ils prennent une mine catastrophée devant le moindre bleu, la plus légère égratignure... C'est qu'ils les aiment tant, leurs enfants ! c'est en fait, pour eux, une justification de leur passage sur terre. Ils accordent à cela une importance parfois démesurée − aux yeux d'autrui − y sacrifient volontiers beaucoup de choses, et culpabilisent vaguement tant que l'acte sacré de procréation n'a pas produit son fruit rouge et vagissant.

Les parents Chien s'entendront bien avec le jeune Tigre, auquel ils apprendront la prudence, et avec le petit Cheval, dont ils diminueront l'égoïsme. Avec les enfants du Chat, du Rat... et du Chien, il y aura entente affective, climat de tendresse... Et cela fera avaler, de part et d'autre, bien des pilules.

Le jeune Serpent contemplatif agacera le Chien actif, et la Chèvre trop fantaisiste l'énervera ; quant au Sanglier... c'est lui qui pourrait apprendre à ses parents Chien comment profiter de la vie !

Mais que le Chien évite de mettre au monde un enfant de Buffle (incompréhension), du Dragon (trop susceptible), du Coq (la pauvre bête, traumatisée par toute cette inquiétude, y perdrait bien des plumes !) et du Singe (ils sont trop différents, et le Singe est si indépendant...).

Sage et appliqué

Vie professionnelle

Les Chiens ont tout ce qu'il faut pour réussir leur vie professionnelle, excepté, parfois, les motivations. Il faut qu'ils puissent croire à ce qu'ils font, qu'ils soient investis d'une mission quelconque vis-à-vis de l'humanité, pour donner leur pleine mesure : s'ils n'ont pas la Foi (celle qui

renverse les montagnes), ils restent assis, mélan-coliquement, devant leur niche, et ressassent des pensées amères, rêvant de tout ce qu'ils auraient pu faire, et qu'ils n'ont pas fait.

Ils ont souvent des dons tout à fait originaux, mais pas assez d'indépendance et d'agressivité pour les faire valoir ; en outre, lorsqu'ils sont adolescents, ils hésitent à contrarier vraiment leurs parents si ceux-ci ont décidé d'une voie à leur place. Cela les conduit à perdre du temps dans des études qui ne leur conviennent guère, ou à adopter une profession contraire à leurs besoins profonds.

En revanche, les Chiens libres d'agir à leur guise et de choisir spontanément une profession se montrent d'excellents travailleurs. Ils sont acharnés, ne laissent jamais une besogne inachevée, manient les hommes avec justice : lorsqu'ils sont à la tête d'une entreprise ils savent se faire apprécier de tous leurs employés, car ils ont le don assez rare d'agir simplement, naturellement, de se mettre à la portée de chacun sans rien perdre de leur autorité. Seule leur inquiétude, toujours présente, risque de « gâcher l'ambiance » s'ils ne parviennent pas à la maîtriser.

Les Chiens n'attachent pas d'importance particulière au fait d'accéder aux plus hauts barreaux de l'échelle hiérarchique, et s'ils le font, c'est parce qu'ils ont l'impression qu'à tout prendre, ce sera meilleur pour tout le monde de ne pas être aux mains d'un rapace. Eux, ils sont modestes, bienveillants, magnanimes. Mais attention : la malhonnêteté et l'hypocrisie les transforment en Chiens féroces. N'oublions pas qu'ils sont les meilleurs champions de dame justice...

Intelligents, pourvus d'un jugement pertinent et rapide, les Chiens comprennent vite ce qui se passe, et le grain de sable dans un engrenage leur échappe rarement. Cette qualité peut même se transformer en défaut, tant ils ont tendance à chercher la petite bête, à se laisser obséder par le détail qui cloche, à se noyer dans un verre d'eau s'ils sont aux prises avec des détails secondaires et purement matériels.

Les professions scientifiques, la recherche, le « social » leur conviennent particulièrement : mais il leur est déconseillé de se vouer à l'argent d'une façon totale, car le matérialisme ne saurait les satisfaire longtemps.

Vie matérielle

Le Chien n'est pas doué pour jongler avec les spéculations ni pour bâtir des empires financiers – à moins de se montrer très habile dans le choix de ses associés ou de ses conseillers. En fait il est trop généreux, trop désintéressé... Pas assez égoïste en un mot. Réussir en affaires implique un certain cynisme vis-à-vis des autres, une certaine dureté ; or le Chien est un tendre, et son cynisme est philosophique, pas matériel. Il reculera devant le fait de ruiner un rival (comment mangeraient ses enfants ?), pardonnera à celui qui l'a offensé, fera preuve d'une honnêteté, d'une fidélité à la parole donnée que les prédateurs sournois sauront utiliser à leur avantage. Durant les périodes de vaches grasses, le Chien se montrera dépensier, voire prodigue : rien ne sera assez beau pour les siens. En outre il investira des sommes importantes dans la décoration et l'amélioration de son « home ». Mais durant les périodes de vaches maigres, il aura tendance à dramatiser la situation, se voyant tout de suite ruiné, vilipendé, emprisonné... Souhaitons-lui, dans ces moments difficiles, un conjoint réaliste, pour lui remettre les yeux en face des trous et la tête sur les épaules...

Plutôt que de se mettre sur le dos des responsabilités financières, les Chiens ont donc intérêt à choisir des professions libérales (ils sont si doués pour défendre la veuve et l'orphelin !)... ou le fonctionnariat.

Environnement

Les Chiens sont souvent sédentaires et infiniment attachés aux lieux qui les ont vu naître. Ils aiment à garder un port d'attache, et conservent jalousement les vieilles maisons familiales emplies de poussière et hantées de souvenirs, dans lesquelles ils ont passé leur enfance : sur ce plan ce sont des conservateurs. Certains prendront même plaisir à laisser les lieux « dans l'état », quitte à se laver dans une cuvette dont l'émail a disparu depuis longtemps, tout cela pour ne pas dépayser leur imagination et laisser en paix leurs revenants familiers.

Peut être dépensier en période faste

J'ai connu un Chien, épris, comme beaucoup de natifs du signe, de fantastique et de bizarre, fanatique des premiers films de Frankenstein, qui ne se sentait nulle part aussi bien, durant ses vacances, que dans une vieille demeure glaciale, grinçante et craquante, mais qui avait abrité ses premières angoisses, nourri ses premiers fantasmes.

Cependant, en règle générale, les Chiens accordent un soin infini à l'aménagement de leur résidence principale. Ils ont beaucoup de goût, sont exigeants, tâtillons même, analysant avec soin l'orientation, la vue, la hauteur sous plafonds, le style de l'immeuble (de préférence XVIIe siècle, bien sûr) en oubliant totalement le fait que les commerçants sont à dix kilomètres !

Eux qui sont assez raisonnables en ce qui concerne leur habillement (hésitants, craignant de se tromper de couleur ou de mode, ils font déballer vingt-cinq paires de chaussures avant de partir sans rien avoir acheté, sous le regard lourd de rancune d'une vendeuse épuisée) ne savent

Ils aiment les ambiances familiales

pas compter quand il s'agit de décoration intérieure, allant droit aux plus somptueux tissus, aux plus moelleuses moquettes, n'acceptant de tapisseries que d'Aubusson (XVIIe toujours !) et de vases que de Gallé.

Une fois posé le décor de leur existence, ils sont fort capables de ne pas mettre les pieds dehors pendant une semaine, se contentant d'errer dans leur petit musée personnel, caressant au passage, d'un doigt sensuel, les meubles patinés par les ans et les bibelots rares. Ah, le doux parfum de la cire, la lente danse des voilages dans un souffle d'air... Où trouver, ailleurs, semblable volupté ?

Petit guide
des relations avec un Chien

Ses méthodes de séduction : quand il n'a plus vingt ans, elles font appel à l'instinct de protection qui sommeille en chacun de nous. Style « Je ne croyais plus en rien, ma vie était foutue, et puis je vous ai rencontrée, l'impossible est devenu vrai, c'est inoui, l'amour existe, alleluia ! » Le tout avec une sincérité qui touche d'autant plus que le Chien vous raconte tout cela, l'oreille basse et l'œil humide de vénération... Quand il a vingt ans (ou trente) il fait preuve d'une obstination inlassable, menant une cour discrète, romantique à souhaits. Madame Chien joue les héroïnes inaccessibles, voire meurtries... On croirait souvent qu'ils se sont inspirés d'un roman de cape et d'épée ou des contes de Perrault.

S'il vous aime : il fera preuve d'un tempérament fougueux, ponctué de passages à vide. Réconfortez-le !

Il attend de vous : que vous soyez à la fois papa, maman, garde-malade, psychiatre, maîtresse et vieille copine. En fait il a besoin d'être entouré, rassuré. Madame Chien aussi. Un bon moyen pour la garder : lui faire beaucoup d'enfants. Elle les adore.

Pour vous garder : il vous donnera l'impression que ses sentiments à votre égard ne changeront jamais. « Pour le meilleur et pour le pire »...

S'il vous trompe : qu'avez-vous bien pu faire pour qu'il en arrive à sembable extrémité ? Faites un examen de conscience...

Si vous le trompez : c'est une catastrophe. Il fera semblant d'en rire, mais ses larmes intérieures le rongeront comme un acide destructeur.

En cas de rupture : s'il vous quitte de son propre chef, il le fera avec une infinie maladresse, s'empêtrant dans des explications loyales... Et parfois vexantes. Si c'est vous qui partez... Ne pourriez-vous essayer de vous trouver un remplaçant ou une remplaçante ? Il va être si malheureux, tout seul !

Si vous voulez lui faire un cadeau : offrez-lui un fétiche, un objet-souvenir, un animal en peluche auquel il pourra donner votre prénom, ou une amulette protectrice...

Si vous voulez le séduire : dites-lui « J'ai l'impression que nous nous sommes aimés déjà, il y a longtemps, dans une vie antérieure... » ou invitez-le à une séance de tables tournantes.

Si vous voulez le faire fuir : dites-lui, cruellement : « C'est vrai, tu as raison, ta vie est un échec et c'est de ta faute ! »

Le Chien
et les autres signes chinois

Chien / Rat

Pourquoi pas ? Le Rat, toujours hanté par la vague pensée des boisseaux de grain dont il aura besoin pour ses vieux jours, est bien placé pour comprendre l'inquiétude profonde du Chien.

De son côté, le Chien, qui protège attentivement ses frontières, ne s'offusquera pas de la manie du secret de son compagnon. Ils accepteront sans conflit leurs légères différences mais se délecteront de leurs ressemblances, et iront leur petit bonhomme de chemin, discrets complices, ne voyageant que la nuit, et n'adressant pas la parole au premier passant venu.

Cette alliance développera leur réciproque goût du

mystère, et, curieusement, les sécurisera, car ils se donneront mutuellement confiance : le Chien, parce qu'il est fidèle, chose dont le Rat a besoin, et ce dernier parce qu'il sait se défendre avec vigueur en cas de difficultés.

En somme, une relation à conseiller, aussi bien dans le domaine du sentiment que dans celui des affaires.

Chien / Buffle

Si Monsieur est Chien, et s'il choisit pour compagne une dame Bufflesse, on pourrait dire avec peu de risques d'erreur que ses ennuis sont finis. Aux côtés de cette personne stable, sécurisante et raisonnable, il oubliera ses insomnies pour se consacrer aux joies familiales, et ne s'angoissera plus dès qu'un grain de sable viendra contrarier ses projets. On pourrait aussi conseiller à un PDG du Chien d'avoir un second du Buffle, qui puisse le rassurer en lui disant à tout moment : « mais non, la caisse est saine et la faillite n'est pas encore pour demain... »

Si Madame est Chien ce sera plus délicat. Les dames nées sous ce signe, au lieu de ressasser leurs angoisses, choisissent parfois de s'en évader dans la futilité et la recherche des plaisirs. De quoi épuiser les ressources de tolérance de Monsieur Buffle... Quoi qu'il en soit, ils s'estimeront mutuellement. Le Buffle admirera la profondeur de pensée du Chien, celui-ci adorera la stabilité du Buffle. Heureuse union, solide et durable, en perspective. Sauf que le Chien souffrira souvent des réticences affectives du Buffle, qu'il prendra pour de la froideur.

Chien / Tigre

Le Tigre et le Chien sont d'impénitents idéalistes. Le second est souvent trop inquiet pour se lancer en avant, alors que le premier oublie de protéger ses arrières. Mais que survienne une orpheline en détresse, un enfant perdu ou une famine, et les voilà prêts à tout abandonner, et à se battre pour l'impossible. Il n'y aura pas de montagnes trop hautes, de ravins trop profonds pour doucher la foi de l'un, l'enthousiasme de l'autre. Rien de tel que le dynamisme généreux du Tigre pour arracher au Chien anxieux un timide sourire d'espoir. Rien de tel non plus qu'une mimique prudente du Chien pour arrêter un Tigre sur le chemin du précipice...

Cela peut faire un couple heureux, mais pas très porté sur le quotidien... Des associés inventifs et originaux, aussi. Seul hic : le Chien a besoin qu'on l'aime et qu'on le lui dise, et il ne faut pas trop compter sur le Tigre quand il s'agit de fleurs bleues. Il leur faut une motivation profonde pour s'entendre durablement, un but commun, matériel ou spirituel, qu'importe... Mais un but, une œuvre, une entreprise, afin qu'au lieu de s'occuper l'un de l'autre en permanence, ils marchent côte à côte.

Chien / Chat

Cela peut être une heureuse et stable union, pour peu que la chance s'en mêle et vienne aider un peu − juste un peu − le Chien et le Chat. En effet, bien que considérés comme des ennemis héréditaires, et conditionnés à le devenir, ces deux animaux, astrologiquement et psychologiquement, ont bien des points communs : ils aiment la sécurité, sont profondément honnêtes, voire vertueux, et protègent avec acharnement leur propriété privée. Ils se comprendront, s'écouteront, se rassureront mutuellement.

Mais quel est donc le petit facteur de chance dont nous parlions ? L'absence d'événements d'une grande portée sociale et politique dans le cours de la vie de ce couple. Car dans ce cas, le Chien ravalerait héroïquement sa peur, et partirait comme infirmier, ou missionnaire, ou cuisinier... Enfin n'importe quoi du moment qu'il se sente utile. Le Chat, qui déteste les troubles, se demandera pendant vingt ans s'il doit ou non le suivre...

Chien / Dragon

A déconseiller, à moins qu'ils n'aient réellement un but commun, ou que leurs signes astrologiques occidentaux ne leur offrent de sérieux points d'entente. En effet, le Chien est peut-être le seul parmi les signes du Zodiaque chinois qui ne puisse être impressionné par le Dragon. Trop lucide, il le voit tel qu'il est, brillant d'un éclat superficiel, dénué de nuances et pas très sentimental. Heureusement, d'ailleurs, car le Chien, amoureux d'un Dragon, souffrirait : celui-ci serait incapable de lui apporter la tendresse sans laquelle il ne peut vivre, et se moquerait de ses angoisses. De son côté, le Dragon souffrirait aussi, car il ne peut, avec la meilleure volonté du monde, se transformer en penseur revu par Rodin, rien que pour faire plaisir au Chien. Il est comme il est, il faut le prendre avec ses qualités et ses défauts, accepter de l'admirer sans réserves − et avec raison − pour sa merveilleuse chaleur humaine. Gros problème pour le Chien. Il va essayer de dévaloriser le Dragon pour rétablir ce qu'il estime être l'authentique vérité. Il n'y arrivera pas − heureusement − mais cela lui collera des complexes, comme s'il n'en avait pas déjà suffisamment...

Chien/Serpent

Les Chiens, en général, aiment beaucoup les Serpents. Ils les apprécient pour leur sagesse et leur profondeur − et oublient leur côté intéressé et arriviste. Ils les idéalisent volontiers, car les Serpents les sécurisent par leurs qualités de réflexion. On peut se demander pourquoi. Mais c'est comme ça !

Quant à eux, les Serpents admirent sincèrement l'honnêteté des Chiens, même s'ils ne sont pas disposés à les imiter. Cela peut donc marcher plutôt bien − tant que le Serpent acceptera d'être idéalisé, ce qui ne saurait lui suffire longtemps, car, en amour, il aime la difficulté. Alors il s'en ira batifoler de droite et de gauche, après avoir complètement immobilisé son conjoint Chien, qui continuera pendant ce temps à s'occuper de l'intendance. Eh oui ! le Chien ne résistera guère. En plus, il sera content, car son Serpent reviendra régulièrement s'enrouler autour de lui, histoire de le maintenir en dépendance. L'un par amour, l'autre par tendresse, ils iront loin, cahin-caha. Et puis, après tout, s'ils sont heureux comme ça...

Chien/Cheval

Cela ne semble pas évident à première vue, tant ces deux signes sont dissemblables : l'un confiant, égocentrique et enthousiaste, l'autre sceptique, pessimiste et généreux. Pourtant, cela peut très bien marcher car ils ne sont portés ni à remettre leur partenaire en question, ni à le dominer, ni à le critiquer (sauf si le Cheval faisait vraiment une énorme gaffe).

Dans ce couple, chacun vivra sa vie et se construira son système personnel de satisfactions sans trop embêter l'autre. Le Chien idéaliste se préoccupera beaucoup des autres, ce qui laissera au Cheval le temps de s'occuper de lui-même, et tout le monde sera content. D'autant plus que le Chien est fidèle, chose que tout Cheval apprécie, car cela le repose.

Cela deviendrait tragique si le Cheval se lassait brusquement pour folâtrer dans d'autres pâturages. Le Chien sensible souffrirait, et aurait bien du mal à s'en remettre.

Des relations tendues

Chien/Chèvre

Les natifs de la Chèvre s'inquiètent souvent pour leur présent et leur avenir proche. Ceux du Chien ont une inquiétude plus large et plus profonde. Les uns et les autres ont besoin d'être rassurés quant à la fidélité d'autrui, à la valeur des sentiments qu'on leur porte, et sont, à des degrés différents, pessimistes. La Chèvre avec philosophie, le Chien avec angoisse...

Autant ne pas les mettre dans le même bateau, sans quoi ils iraient de Charybde en Scylla, sans prendre le temps de souffler ! ils ne feraient qu'actualiser et développer leurs inquiétudes réciproques... On les retrouverait gavés de tranquillisants, et prédisant, entre deux overdoses médicamenteuses, la fin du monde et des sociétés industrialisées. Autre obstacle : le Chien comprend mal la fantaisie. Il est sérieux, responsable, plaisante rarement. Les accès de fantaisie de la Chèvre lui sembleront autant d'insultes au bon sens. Non, vraiment, on les voit mal ensemble... A moins qu'ils ne fondent une secte mystique et écologique.

Chien/Singe

Ils ont tous deux un côté critique, un peu cynique sur les bords, ne se font guère d'illusions sur leur prochain et cultivent volontiers les fleurs amères de l'ironie. Mais il y a un hic : en plus de tout cela, le Chien est profondément idéaliste, il est du genre à clamer « Tout est perdu fors l'honneur » et autres phrases historiques du même genre, qui sembleront au Singe complètement irréalistes. Lui, il est opportuniste, et pas du tout désintéressé.

Entre enfant Chien et parent Singe, ou entre amis d'enfance, ou entre frère et sœur ayant grandi ensemble, ce serait possible. Mais dans un couple ? Le Chien sera profondément déçu, et il n'osera pas le dire. Petit à petit il amassera une énorme rancune vis-à-vis du Singe, jaloux de son insouciance, voire de son manque de scrupules, dans le style « Il est vraiment ignoble, mais ça marche pour lui... Quelle injustice ! »

Quant au Singe, très vite, il s'ennuiera. Et fuira. Il est bien trop anxieux – secrètement – pour se charger des inquiétudes d'autrui.

Chien/Coq

Ces deux signes ont un point commun, c'est l'esprit critique. Le Coq le manifeste de façon assez systématique, parfois tout simplement pour parler, être drôle, faire rire, mais sans se rendre compte des égratignures qu'il inflige. Le Chien l'utilise à bon escient et de façon très consciente, lorsqu'il est énervé. Et ce qui l'énerve, eh bien... c'est justement les défauts typiques du Coq, son côté hâbleur, vantard, « Moi je », son aisance, son insouciance... Toute cette facilité semble être une injure personnelle aux inquiétudes du Chien. Leur relation risque donc fort de dégénérer en bataille de mots. Ils en souffriront tous deux car ils sont sensibles...

Pourtant s'ils rengainaient, l'un son goût de la « phrase lapidaire », l'autre sa rigidité morale, ils pourraient s'entraider réellement, car leurs qualités se complètent. Mais feront-ils cet effort ?

Chien/Chien

Pourquoi pas ? Qui se ressemble s'assemble. Et ces deux-là seront réunis par leur amour des enfants, de la sécurité familiale, des frontières protectrices... Et peut-être aussi, tout simplement, par l'amour de l'amour. Si ce couple semble désinvolte, ne vous y fiez pas : c'est une défense, une façade. En fait ils sont infiniment dépendants l'un de l'autre, il suffirait d'une absence, d'une phrase abrupte pour déséquilibrer leurs béquilles affectives. Mais la similitude de leurs besoins les sauve. Naturellement, il faudrait leur souhaiter une situation financière solide, des enfants en bonne santé, une époque de paix. Sinon ils en perdront le sommeil à force d'écouter si l'autre a réussi à s'endormir !

Heureusement, Madame Chien, moins anxieuse que son époux, l'aidera à repartir du bon pied s'il rencontre un obstacle insurmontable – à moins qu'elle ne fasse, avec lui, assaut d'héroïsme désintéressé... Ce sera intéressant à contempler, sinon à vivre !

Un couple parfait

Chien / Sanglier

Excellente entente, qui sera surtout profitable au Chien : en effet, le Sanglier bon vivant lui apportera le zeste d'insouciance et le tombereau d'optimisme qui lui manquent. Tous deux honnêtes, généreux et compréhensifs, ils s'estimeront pour ces qualités, se réconforteront, se persuaderont qu'après tout, l'important c'est de vivre, c'est d'aimer, laissons les loups se dévorer entre eux et vogue la galère !

Le Chien rassuré sera heureux et paisible : même en amitié, en affaires, il aura intérêt à écouter le Sanglier qui ne lui donnera que d'utiles conseils.

De son côté, le Sanglier parfois maladroit et naïf profitera de la méfiance du Chien ; au besoin celui-ci le défendra, de toutes ses forces. De temps en temps, le Sanglier, plus philosophe, s'énervera des accès d'inquiétude fébrile dont le Chien est coutumier. Il aura envie de lui dire « relax, keep cool... ». C'est en fin de compte avec un conjoint Sanglier que le Chien aura le moins peur des voleurs, car il y acquerra le sens du relatif. Joli cadeau...

CÉLÉBRITÉS DU CHIEN

Alain-Fournier, Anouilh, Arletty, Brigitte Bardot, Barnard, J.-L. Barrault, Barrès, Roger Baulu, Bizet, Blücher, Brecht, Aristide Briand, Francis Carco, Champollion, Jean Chrétien, Chou En-Laï, René Clair, Benjamin Constant, Coustaud, Dalida, Debussy, Raymond Devos, Dumas père, Eisenstein, l'impératrice Eugénie, Feydeau, Foujita, B. Franklin, Gagarine, Gambetta, Garcia Lorca, Gershwin, Fernand Gignac, Hemingway, Victor Hugo, Kossuth, Kurosawa, Lacordaire, Madame de Lafayette, Lamartine, Camille Laurin, Leibnitz, Lope de Vega, Sophia Loren, Pierre Loti, Louis XVI, Magritte, Marconi, Maupassant, Millot, Molière, Jacques Normand, Elvis Presley, Raspoutine, Michèle Richard, Madame Roland, Éric Satie, Saint-Louis, Scarron, Schönberg, Madame de Staël, R.-L. Stevenson, Talleyrand, Titien, Villers de l'Isle-Adam, Voltaire, Von Zeppelin.

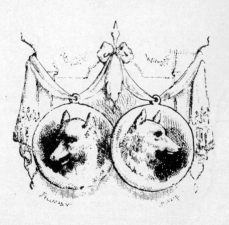

2e partie :

LE COMPAGNON
DE ROUTE

民質不齪歴歴貫齪無心俱無養劇心晨

BRUGNOT

Après le signe chinois de votre année de naissance, voici celui de votre heure de naissance.

Qu'est-ce qu'un Compagnon de route ? Une sorte « d'Ascendant » en correspondance avec votre heure de naissance, un autre animal appartenant au cycle des douze animaux emblématiques chinois. Un compagnon vous emboîtant le pas, prêt à vous porter secours, défiant pièges et embûches sur votre route, ombre permanente et bénéfique rendant possible l'impossible.

C'est un complément, un *plus* : avec son caractère propre, sa tendance, sa psychologie différente, il sera à la fois témoin et acteur de votre vie, ange gardien et avocat du diable.

N'avez-vous pas déjà ressenti, au fond de vous, la présence subtile d'un autre « moi-même », avec lequel vous vivez, tantôt en harmonie, tantôt en conflit ? Qui tantôt vous critique, tantôt vous encourage ? C'est cela, le Compagnon de route.

Il fera parfois figure d'imposteur, d'importun. Il est vrai qu'il dérange souvent nos habitudes, notre confort moral ou spirituel. Avec ce double intérieur, la route est moins monotone et le voyageur multiplie ses chances d'arriver au but qu'il s'est fixé, peu importe le but — seul compte le voyage. Le plus grand danger venant du sommeil, il est utile d'avoir un Compagnon capable de vous maintenir en « état d'éveil », renversant pour cela, si nécessaire, vos points de repères, piétinant vos jardins secrets, déchirant enfin le grand voile de l'illusion.

Il arrive quelquefois que le Compagnon de route soit le signe même de votre année de naissance, un frère jumeau en quelque sorte, par exemple : un Chien/Chien. Dans ce cas sachez qu'il vous acculera à vous assumer pleinement et à vivre le double aspect, le Yin et le Yang que vous portez en vous... De toute façon vous portez en vous les douze Animaux. Alors partez sur la longue route, pour la grande aventure, le beau voyage au cours duquel vous croiserez harmoniquement enchevêtrés le solennel et le grotesque, le réel éphémère, le rêve et l'imaginaire.

Tableau des correspondances horaires
des douze animaux emblématiques

Si **vous êtes né** entre 23 h et	1 h votre **compagnon** est Rat
1 h et 3 h	Buffle
3 h et 5 h	Tigre
5 h et 7 h	Chat
7 h et 9 h	Dragon
9 h et 11 h	Serpent
11 h et 13 h	Cheval
13 h et 15 h	Chèvre
15 h et 17 h	Singe
17 h et 19 h	Coq
19 h et 21 h	Chien
21 h et 23 h	Sanglier

Ces données correspondent à *l'heure solaire* de votre naissance. Vous devez consulter la liste des heures d'été pour savoir si vous devez retrancher une heure de l'heure légale.

Heures d'été au Québec depuis 1918

1918: du 14 avril au 27 octobre
1919: du 31 mars au 26 octobre[1]
1920: du 2 mai au 3 octobre
1921: du 1 mai au 2 octobre
1922: du 30 avril au 1 octobre
1923: du 17 juin au 1 septembre
1924: du 15 juin au 10 septembre[2]
1925: du 3 mai au 27 septembre
1926: du 2 mai au 26 septembre
1927: du 1 mai au 27 septembre
1928: du 29 avril au 30 septembre
1929: du 28 avril au 29 septembre
1930: du 27 avril au 28 septembre
1931: du 26 avril au 27 septembre
1932: du 24 avril au 25 septembre
1933: du 30 avril au 24 septembre
1934: du 29 avril au 30 septembre
1935: du 28 avril au 29 septembre
1936: du 26 avril au 27 septembre
1937: du 25 avril au 26 septembre
1938: du 24 avril au 25 septembre
1939: du 30 avril au 24 septembre
1940*: Heure de guerre avancée
1941*: Heure de guerre avancée
1942*: Heure de guerre avancée
1943*: Heure de guerre avancée
1944*: Heure de guerre avancée

1945*:   au 30 septembre
1946: du 28 avril au 29 septembre
1947: du 27 avril au 26 septembre
1948: du 26 avril au 26 septembre
1949: du 24 avril au 30 septembre
1950: du 30 avril au 24 septembre
1951: du 29 avril au 30 septembre
1952: du 27 avril au 28 septembre
1953: du 26 avril au 27 septembre
1954: du 25 avril au 26 septembre
1955: du 24 avril au 25 septembre
1956: du 29 avril au 30 septembre
1957: du 28 avril au 27 octobre
1958: du 27 avril au 26 octobre
1959: du 26 avril au 25 octobre
1960: du 24 avril au 30 octobre
1961: du 30 avril au 29 octobre
1962: du 29 avril au 28 octobre
1963: du 28 avril au 27 octobre
1964: du 26 avril au 25 octobre
1965: du 25 avril au 31 octobre
1966: du 24 avril au 30 octobre
1967: du 30 avril au 29 octobre
1968: du 28 avril au 27 octobre
1969: du 27 avril au 26 octobre
1970: du 26 avril au 24 octobre
1971: du 25 avril au 31 octobre
1972: du 30 avril au 29 octobre
1973: du 29 avril au 28 octobre
1974: du 28 avril au 27 octobre
1975: du 27 avril au 26 octobre
1976: du 25 avril au 31 octobre
1977: du 24 avril au 30 octobre
1978: du 30 avril au 29 octobre
1979: du 29 avril au 28 octobre
1980: du 27 avril au 26 octobre
1981: du 26 avril au 25 octobre
1982: du 25 avril au 31 octobre
1983: du 24 avril au 30 octobre

(1) Pour Sherbrooke: du 30 mars au 26 octobre 1919.
(2) Pour Montréal: du 17 mai au 28 septembre 1924.
*Heure de guerre avancée toute l'année. Toutefois certains petits
 villages n'ont pas toujours suivi l'heure avancée.

Position par rapport
à Greenwich

Consultez maintenant la carte du Québec indiquant la position des principales villes par rapport au méridien de Greenwich. Selon la position de votre ville ou village natal par rapport à Greenwich, il convient de retrancher un certain nombre de minutes.

(Certains astrologues utilisent l'heure de Pékin. Pour la trouver, il suffit d'ajouter huit heures à l'heure solaire de votre naissance.)

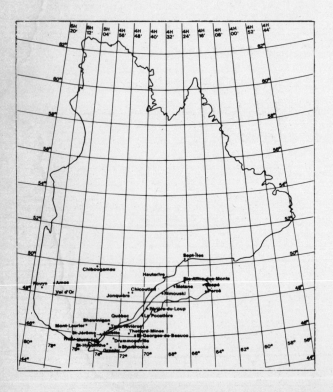

LE CHIEN
ET SON COMPAGNON
DE ROUTE

LE CHIEN/RAT

Il représente un amalgame idéal. Le Chien est le guide des âmes au cours des « voyages ». Il est aussi le gardien de l'au-delà. Tout comme le rongeur, il évolue entre souterrain et monde invisible. Fidèle et mystérieux, un peu pessimiste, il est souvent associé à l'idée de la mort, comme le Rat. Comme lui il ressent en permanence de profondes angoisses. Et ce compagnon-Rat lui insufflera d'imprévisibles accès d'agressivité qui le feront culpabiliser un maximum et quel esprit critique !

LE CHIEN/BUFFLE

Voilà un amalgame un peu spécial, car le pessimisme du Chien, ajouté à la lenteur et à l'austérité du Buffle risque de déboucher sur une gravité exceptionnelle et quelque peu rébarbative. Le Chien est le gardien de l'au-delà, le Buffle celui du labyrinthe ; le Chien/Buffle serait donc une sorte de Cerbère-Minotaure un tantinet inquiétant. En fait, le Chien peut donner au Buffle des qualités de recul et d'introspection qui lui font souvent défaut. Le Buffle pour sa part atténuera les doutes, les angoisses existentielles et les torturantes questions du Chien. Le Chien/Buffle y gagnera donc en espérance et en lucidité. Il se connaîtra lui-même un peu mieux, ce qui est le commencement de la vraie sagesse.

LE CHIEN/TIGRE

Est deux fois gardien. Celui qui protège des démons et celui des âmes dans l'au-delà. Un pessimiste, de passage dans la peau du Tigre mangeur d'homme, mais vertueux... Le Chien/Tigre sera un animal réfléchi, à son aise dans le monde dit « invisible », et prudent sur son territoire. Sûr de lui sur la route, mais calme et circonspect, son côté Chien lui donnera la conscience du temps et de l'espace à parcourir, la notion de l'aspect éphémère des choses ainsi que le sens du détachement. Ce Chien/Tigre sait mieux que personne qu'après ce voyage, il est une autre route à parcourir. Attention, vous ne touchez plus le sol et votre auréole est de travers...

LE CHIEN/CHAT

La composante Chien de ce personnage devra être reconnue comme guide, gardien, compagnon fidèle jusque dans le monde invisible, au-delà même de la route et du voyage. Ce sera un allié précieux que le Chat un peu égoïste découvrira en lui. Le Chien/Chat est circonspect, bien plus, il est d'une méfiance presque maladive. Le soleil peut briller sur sa route, il pense déjà aux ténèbres qui vont suivre. Cet animal se fixe difficilement dans le temps ; incapable de vivre l'instant présent, il aura tendance à ressasser, à s'obséder sur ses échecs passés, ou à se projeter sur les épreuves à venir. Ce Chien/Chat pleure-t-il sur lui-même ? sur ses malheurs souvent imaginaires ? à moins qu'il ne soit déprimé par la distance à parcourir ? Dans ce cas il en oubliera de poser son regard sur le simple spectacle de la vie qui l'entoure.

LE CHIEN/DRAGON

Il est de ceux qui inspirent confiance – et à juste titre – on peut lui accorder son amitié et croire en sa parole. Le Chien/Dragon, animal loyal, tenace et fidèle saura profiter sans présomption de la chance qui s'offre à lui tout au long de sa route, il ne l'acceptera pas comme un dû, mais comme une faveur du destin. Le Chien saura profiter du Dragon qui sommeille en lui et lui donnera de son côté le sens du recul, de l'humour, d'un monde plus subtil, plus impalpable, d'une dimension intérieure que le Dragon, toujours sur des charbons ardents, ne prend pas le temps de percevoir et de comprendre : recueillement, méditation, contact avec l'invisible et l'au-delà.

LE CHIEN/SERPENT

Possède un sens aigu de la moralité. C'est également un intuitif, mais il a tendance à être pessimiste, avec lui la vie devient très compliquée. C'est un excessif tourmenté, qui sera du genre à annoncer la tempête, au moindre petit brin de vent, et le déluge, pour quelques gouttes de pluie. Toujours à l'affût, sur ses gardes, il risque de jouer les persécutés, les écorchés-vifs dont on ne recherche pas spécifiquement la compagnie... C'est dommage car le Chien/Serpent est plein de courage et de chaleur, il sait être fidèle, mais il a besoin d'être aimé et rassuré.

LE CHIEN/CHEVAL

A la fois monture et guide, loyal et fidèle, il parcourt son chemin de jour comme de nuit, avec ténacité, se laissant pousser par son intuition, tempérant son impatience et sa fougue, acceptant, non de douter de lui-même, mais de se remettre en cause, de s'améliorer. Il arrivera également à dominer son orgueil et sa peur de l'échec, n'hésitant pas à sourire de ses défauts et de ses faiblesses. Ceci ne l'empêche pas d'être ardent et passionné. Sa composante Chien lui permet d'accéder à des secrets et à des dimensions que le Cheval ne peut atteindre que très rarement et très difficilement − tout un monde d'introspection et d'interrogations essentielles, où l'ardeur chevaline s'affine et se spiritualise.

LE CHIEN/CHÈVRE

Sera doué d'une remarquable intuition. Hélas, cet animal aura tendance à se compliquer la vie, changeant d'humeur, d'idées et de décisions, revenant sur ses pas, devenant méfiant et pessimiste. Toutefois le Chien/Chèvre sera fidèle et courageux : même s'il possède l'art de se mettre dans des situations périlleuses, il n'en démordra pas et ira jusqu'au bout. Ce qu'il recherche, au fond, c'est qu'on le remarque, et qu'on s'y attache. Car ce qui lui est le plus insupportable, c'est la solitude et le manque d'affection.

LE CHIEN/SINGE

Animal intuitif par excellence, il sera difficile de lui brouiller les pistes, il retrouvera toujours son chemin, malgré les obstacles et les difficultés. Il a toutefois tendance à se compliquer la vie − le voyage. Il a horreur de la simplicité, des lignes droites, des chemins tout tracés. Le Chien/Singe sera souvent un original, avec des phases marquées d'exaltation et de dépression. Aujourd'hui plein de fougue, sûr de lui, même un peu trop, il verra demain tout en noir, remettant en cause ses projets, ses recherches et ses décisions. Évitez de le suivre si vous aimez les « voyages » paisibles.

LE CHIEN/COQ

Épris d'honneur et de fidélité, le Chien/Coq sera sentinelle et gardien, sachant remettre en cause sa belle assurance, descendant en lui-même et tempérant son agressivité. Il effectuera son voyage aussi bien de nuit que de jour, chevauchant les deux mondes de l'ombre et du soleil. Combatif, il sera une sorte de pessimiste actif et les épreuves de la route ne le décourageront point ; il persévérera, mais sans esprit de conquête ou de revanche. Le Chien/Coq travaillera sur lui-même, cherchant à s'améliorer, sans pour autant ignorer ceux qui l'entourent. Il sera homme de parole et de cœur.

LE CHIEN/CHIEN

Prendra la route, la peur au ventre, en permanence sur ses gardes, se dressant à la moindre alerte. Ce sera un pessimiste, un angoissé, son seul remède : la communication avec les hommes, l'obligeant à se dépasser, à croire enfin en lui. Le Chien/Chien ne supportera pas la solitude, il préfèrera rallonger son chemin afin de trouver des compagnons, de se sentir entouré, aimé. Offrir son affection à un Chien/Chien c'est pour lui l'équivalent d'un excitant, d'un tonifiant. L'amour est son moteur, son carburant ; sans lui, le Chien/Chien se traîne, doutant de lui, allant jusqu'à remettre en cause son propre « passage » sur terre...

LE CHIEN/SANGLIER

Le Chien/Sanglier sera capable d'assumer sa solitude, il n'hésitera pas à emprunter les sentiers boisés, loin des chemins de grand passage. En effet, il gagnera une certaine confiance en lui, son doute sera moins apparent et pèsera moins sur son entourage. Conscient de son individualité, il aura tendance à se tourner vers le monde spirituel qui l'attire et le fascine − cherchant à dépasser le seuil dont il est gardien, et à franchir cette frontière sensible qui sépare les deux univers. Généralement favorisé dans le domaine de la réussite sociale et matérielle, le Chien/Sanglier restera toutefois pour ses semblables un animal énigmatique et mystérieux.

LE CHIEN
ET LES CINQ
ÉLÉMENTS

動爲靜之理，如人之氣吸則靜噓則動又問答之際，答則動也

事皆然且如涵養致知亦何所始但學者須自截從一處做去。

VOTRE ÉLÉMENT

Dans l'astrologie chinoise, chaque année est associée à un Élément. Ces Éléments sont au nombre de cinq : *Eau, Feu, Bois, Métal, Terre.*

Chacun des douze animaux emblématiques sera donc successivement rattaché à chacun des cinq Éléments. Par exemple, en 1900 le Rat est Terre, en 1912 il est Feu, en 1924 il est Métal, en 1936 il est Eau, en 1948 il est Bois.

Pour déterminer l'Élément correspondant à l'année de votre naissance, utilisez les concordances figurant ci-dessous :

Années se terminant par 1 et 6 : Eau
2 et 7 : Feu
3 et 8 : Bois
4 et 9 : Métal
5 et 0 : Terre

Un même mariage *Animal-Élément* revient donc tous les 60 ans ; exemple : Rat-Terre : 1960 - 1900 - 1840 - 1780 - 1720 - etc.

Ces cinq Éléments sont des forces essentielles agissant sur l'univers, associés aux signes, voilà le fondement de tout horoscope. Mouvance et fluctuance, Yin et Yang, ces forces-symboles sont en perpétuelle action et inter-action.

Le Bois enfante le Feu qui enfante la Terre, qui enfante le Métal qui enfante l'Eau qui à son tour enfante le Bois...

問死者魂氣既散而立者，蓋其於我而
聖人如此說，便是有此理。斷的水裏面
亡靈命運唄是招牌招是運唄是計

LE CHIEN/EAU
(vous êtes né en 1946)

Au nord, dans le ciel, naquit le froid, descendant sur la terre, il enfanta l'EAU. En Chine, l'Eau est plus synonyme de froideur et de glace que symbole de fertilité.

La tendance Chien/Eau

Eau des nuits d'hiver, froideur, rigueur et sévérité, eau calme et profonde, engendrant crainte et respect, eau dormante abritant des démons sous-marins qui sommeillent. Eau fétide et boueuse des marais, refuge des rampants. « L'Eau peut être la marque d'un arrêt total. » (Jean-Michel de Kermadec, Les Huit Signes de Votre Destin, l'Asiathèque.)

Le Chien/Eau, de tendance Yin, se sentira à l'aise dans son élément Yin. Il sera même tenté de s'y complaire un peu trop : cette eau qui s'imprègne, s'infiltre, risquera, sinon de l'arrêter dans sa course, du moins de la ralentir. Il y cherchera refuge afin de cacher ses angoisses, son doute et son pessimisme. N'appartenez-vous point à cette trilogie Terre-Eau-lune ? Chien à la recherche du paradis perdu, errant à la lisière des mondes obscurs.

La santé Chien/Eau

L'organe Eau est le rein. Son goût est le salé. Chien pessimiste et angoissé, soyez combatif et dynamique, recherchez l'énergie dans cet élément Eau, qui est également tonique, et faites que ce goût salé ne soit pas celui des larmes.

Le Chien/Eau et les autres

Le Chien/Eau sera actif et entreprenant. Il restera tout au long de sa carrière scrupuleux et vertueux. Une de ses principales qualités sera la persévérance. Il ne désarmera pas devant l'obstacle, de plus il saura être à l'écoute des autres, et accessible aux conseils. Hélas, il manquera de

confiance en lui, se remettant en cause à la première erreur. Son entourage sera parfois tenté d'en profiter, d'exploiter ses reculs et son déséquilibre. Le Chien/Eau en sera parfaitement conscient, mais il refusera de voir la vérité en face, et préférera s'accuser, se contester lui-même, plutôt que de douter de ses relations ou amis. Par ailleurs, il aura tendance à dramatiser certaines situations, se complaisant parfois dans le brouillard, les formes floues et les fantasmes... A moins qu'il ne soit Chien londonien, conseillons-lui d'essayer d'éclaircir les choses, même si l'opération lui demande beaucoup d'efforts.

Des conseils pour un Chien/Eau

Vous êtes un pur, un fidèle, respectez vos convictions, les eaux troubles et marécageuses ne sont pas lieux de prédilection pour un Chien. Ne cherchez pas à brimer votre nature, mais à mieux vous connaître.

UNE ANNÉE CHIEN/EAU

Le point de force pour une année Chien/Eau sera la saison d'hiver, période de gestation.

Chien méditatif, vous êtes aussi combatif, équilibrez votre temps, partagez-le entre la réflexion et l'action. Ne vous laissez pas attirer par l'eau qui dort, la brume et le brouillard, allez puiser à la source l'eau vive et claire. Croyez en vous : chasser le doute, c'est capter des énergies et du tonus — ne vous refusez pas ce droit.

Exemple historique d'une année Chien/Eau

1886

Gouvernée par un pouvoir faible et impopulaire, divisée par les partis, attaquée sans relâche par les royalistes et les bonapartistes, la République apparaît plus que vacillante : une seule force trouve grâce aux yeux des masses : l'armée française, qui incarne l'espoir de revanche contre la Prusse. Et un homme apparaît entouré d'une ferveur et d'un prestige croissants : le général Boulanger, ministre de la guerre. Son immense popularité, il la doit essentiellement à son élégance, à sa fière allure, ainsi qu'à quelques mesures en faveur du soldat. Chaque fois qu'il se montre en public, c'est du délire. Beaucoup commencent à parler de Dix-Huit Brumaire, de coup de balai et de dictature. C'est le 14 juillet 1886 qui marque vraiment la naissance — l'explosion — du Boulangisme.

Cette revue, Boulanger l'a minutieusement préparée avec le sens théâtral qui le caractérise. « Il faut, a-t-il dit à son vieil ami le général de Kerbrech, il faut, tu m'entends, que le 14 juillet prochain, je couche avec tout Paris. » Il veille à tout, fait venir des détachements des troupes d'Algérie, six mille hommes du Tonkin... On a annoncé à grand fracas une revue exceptionnelle et la foule se presse, nombreuse, à Longchamp, curieuse, gouailleuse et prompte à l'enthousiasme. A 3 heures et demie apparaît, précédé d'un peloton de spahis et suivi d'une escorte de quatre cents officiers, le général Boulanger, en culotte rose, dolman turquoise, baudrier noir, bicorne à plumes blanches, constellé de décorations, caracolant sur son cheval noir. D'un geste ample, il salue le président de la République, Jules Grévy, et les personnalités qui paraissent bien ternes dans leurs strictes redingotes, et prend la tête du défilé. D'un seul coup, la foule est conquise et des hurlements jaillissent de toutes les poitrines : « Vive Boulanger », noyant les quelques cris isolés de : « Vive la République, vive la France. » Cette nuit-là, dans tous les bals populaires, on chante le refrain de Paulus : *« Moi, j'faisais qu'admirer Notr'brav'général Boulanger. »*

Les mois suivants, le Boulangisme gagnera en ampleur et en profondeur. Le général, qui promet tout à tout le monde, s'assure le soutien des républicains revanchards et bellicistes, des monarchistes de tous bords, et même des socialistes. Il faudra trois ans pour s'apercevoir que le personnage est en fait un velléitaire artificiellement gonflé, qui n'ose pas franchir l'étape décisive, et saisir les rênes du pouvoir.

Mais en cette année 1886, la France est toute à l'ivresse de son coup de foudre pour le beau militaire.

LE CHIEN / BOIS
(vous êtes né en 1958)

A l'est, dans le ciel souffla le vent, et de sa tiède caresse à la terre naquit le BOIS.

La tendance CHIEN / BOIS

Le Bois est du matin, du printemps, d'une nature tempérée, amoureux de l'harmonie, sensible à la beauté et à l'élégance. Printemps, symbole de douceur, période de fécondation et de création. Période où la nature tout entière s'éveille et s'ouvre aux forces de jeunesse, d'éveil et de croissance.

Le Chien/Bois, qui est un intuitif, un voyant, ne manquera pas d'être sensible à cette nature qui l'entoure, à cette tendresse qui l'imprègne. Elle adoucira pour lui son « passage » sur terre, et lui offrira la possibilité de traduire ses émotions avec subtilité, à travers les arts et toutes les formes de créativité. Cette vision poétique et ce sens esthétique permettront au Chien/Bois de trouver enfin son équilibre – jusque dans l'excès, car le Bois est un élément passionné, capable de grandes colères et de brusques violences. D'une manière générale, le doute et l'anxiété spécifiques du Chien pourront être sublimés dans un contact esthétique avec le monde.

La santé Chien / Bois

L'organe Bois est le foie, son goût est l'acide. Si vous êtes angoissé, ou si vous vous laissez emporter par des colères terribles, ne compensez pas en excès de table et gourmandise...

Le Chien / Bois et les autres

Le Chien/Bois cachant son manque de confiance en lui **sous** des dehors calmes et détendus, il a une apparence décontractée et souple. En fait, c'est une réaction de défense, car le Chien/Bois se sent mal à l'aise dès qu'il n'est

plus dans son univers. Grâce à une imagination toujours féconde, il a d'excellentes facultés d'improvisation. Il réussit à convaincre, à dérouter, à séduire... Le Chien/Bois est en effet un séducteur ; son charme lui vient probablement de son grand naturel, de son amour pour les arts et pour la campagne où il aime se retirer, à l'abri du tumulte et du chaos, loin du bruit et de l'excitation qui le font fuir. Ce Chien-là est un amoureux de l'harmonie naturelle et de la dimension poétique, sans lesquelles la liberté n'a aucune signification à ses yeux.

Des conseils pour un Chien/Bois

En dominant votre angoisse, vous pouvez vous sentir parfaitement bien dans votre peau, vous êtes un être équilibré, vous possédez du charme et vous savez séduire... alors, surtout, ne changez rien !

UNE ANNÉE CHIEN/BOIS

Le point de force pour une année Chien/Bois sera la saison du printemps, période d'accroissement et de prospérité.

Vous qui recherchez l'harmonie et la beauté, vous devriez être comblé, surtout si vous êtes un artiste, un créateur sensible à la nature. Gardez-vous cependant de la colère et de l'intolérance...

Exemple historique d'une année Chien/Bois

1958

La tension monte en Algérie, où les Français craignent un abandon pur et simple. Le 13 mai, une grande manifestation est organisée à Alger pour s'opposer à l'investiture de Pflimlin, considéré comme un « bradeur », à la Présidence du Conseil. Les étudiants d'Alger s'emparent du gouvernement général, et le général Massu, qui accepte la présidence d'un Comité de salut public, lance, vers minuit, un appel au général de Gaulle. Celui-ci, le 15 mai, publie le communiqué suivant : « La dégradation de l'État entraîne infailliblement l'éloignement des peuples associés, le trouble de l'armée au combat, la dislocation nationale, la perte de l'indépendance. Depuis douze ans, la France, aux prises avec des problèmes trop rudes pour le régime des partis, est engagée dans ce processus désastreux. Naguère, le pays, dans ses profondeurs, m'a fait confiance pour le conduire jusqu'à son salut. Aujourd'hui, devant les épreuves qui montent de nouveau vers lui, qu'il sache que je me tiens prêt à assumer les pouvoirs de la République. »

Lors d'une conférence de presse qu'il donne le 19 mai, au palais d'Orsay, de Gaulle affirme : « Croit-on qu'à 67 ans je vais commencer une carrière de dictateur ? » Cinq jours plus tard, la Corse bascule du côté de l'insurrection, et on parle de plus en plus d'une opération de parachutistes sur Paris. Le 27 mai, à l'issue d'un entretien ambigu avec Pfimlin, de Gaulle déclare : « J'ai entamé hier le processus régulier nécessaire à l'établissement d'un gouvernement républicain capable d'assurer l'unité et l'indépendance du pays. » Mais les partis se rebiffent et les politiciens tergiversent. Devant Vincent Auriol, de Gaulle s'écrie : « Pourquoi n'a-t-on pas confiance en moi ? Ne pouvais-je en 1946, si je l'avais voulu, faire un coup d'État ? Ne me suis-je pas, après les difficultés qui m'ont opposé aux partis politiques, retiré simplement et dignement en 1946 ? N'aurais-je pu, aujourd'hui même prendre la tête de la révolte ? »

Finalement, les ultimes difficultés sont levées. Le 1er juin, de Gaulle se rend à l'Assemblée nationale, où il lit une brève déclaration d'investiture. Il y évoque les menaces de guerre civile, souligne les principes dont devra s'inspirer la future Constitution, et demande les pleins pouvoirs pour une durée de six mois. L'investiture est votée par 329 voix contre 224. Le lendemain, participant aux discussions sur les pouvoirs spéciaux en Algérie, il dit aux députés : « si vous marquez votre confiance au gouvernement, l'homme qui vous parle considère qu'il en portera le reste de sa vie l'honneur. » Le charme opère pleinement.

Le 3 juin, regagnant l'hôtel Lapérouse, le général tape sur l'épaule du portier : « Albert, j'ai gagné. »

Ainsi commence la Ve République.

LE CHIEN/FEU
(vous êtes né en 1922 et 1982)

Au sud, dans le ciel, naquit la chaleur, elle descendit sur terre et la féconda. De leur union naquit le FEU.

La tendance Chien/Feu

L'élément Feu est du midi, du sud, de l'été, le Feu est Yang, il est celui qui chauffe, brûle, éclaire, transforme, bouleverse.

Le Feu habitant un Chien lui apportera la force et la combativité nécessaire pour vaincre son doute et son pessimisme, il lui donnera l'énergie, la vitalité. Mais ce Feu pourra être Feu intérieur, et le Chien, respectueux des rites, sensible aux symboles, et gardien de l'au-delà, recherchera la clef de cette porte mystérieuse, et le langage initiatique perdu, afin de ne plus être condamné à stationner devant le

seuil de cet autre monde qui le hante et l'attire désespérément. Alors, il assumera vraiment son rôle de guide secret, son œil phosphorescent chassant les ombres et perçant les ténèbres.

La santé Chien/Feu

L'organe Feu est le cœur, son goût est l'amer. Vous êtes animé d'une énergie redoutable, qui pourrait se retourner contre vous et devenir dévastatrice. Contrôlez vos pulsions, méfiez-vous de l'hyper-activité, elle conduit à la dépression.

Le Chien/Feu et les autres

Le Chien/Feu, à vrai dire, ne sera pas facile à vivre. Toujours sur des charbons ardents, il s'agitera perpétuellement, et sera l'éternel insatisfait. Poussé par des passions violentes, des colères soudaines, il apparaîtra souvent comme un être insupportable. Combatif et infatigable, mais également intègre et pur, rien ne fera changer sa décision ni plier sa résolution. Ce sera un chef implacable : ne pasant rien à ses collaborateurs, ne se ménageant pas lui-même, il n'admettra pas qu'on lui manque, ou qu'on lui manifeste la moindre opposition.

Il lui arrive d'être attiré par le mysticisme. Il cherche alors à se couper du monde et du contact avec ses semblables ; exclusivement tendu vers les réalités spirituelles, il peut s'isoler complètement, se confinant dans une ascèse rigoureuse et acharnée.

Des conseils pour un Chien/Feu

Vous êtes un être d'exception, assumez-vous pleinement : votre entourage finira bien par vous accepter tel que vous êtes.

UNE ANNÉE CHIEN/FEU

Le point de force pour une année Chien/Feu sera la saison d'été, période de création.

Une année active, combative, pleine d'énergies, qui vous permettra d'atteindre la réussite matérielle ou d'accéder à cet univers spirituel qui vous attire tant. Mais attention, ne vous dispersez pas, ne vous consumez pas tels des chiens de paille...

Exemple historique d'une année Chien/Feu

1682

Le 6 mai 1682, réalisant un rêve poursuivi avec ténacité, Louis XIV fait de Versailles le siège de la monarchie et du gouvernement. Il y a là le plus grand chantier connu depuis les Romains, plein de bruit, de poussière, de gravats et de pestilence. Et il y a le temple du soleil avec la profusion de bronzes dorés, l'or des tentures, l'or des rideaux, l'or de mille objets usuels, l'or des caisses d'orangers, l'or des toitures, des plombs, des statues, des bassins, des carrosses, les broderies d'or des costumes aux teintes éclatantes.

Les contrastes se rencontrent partout. Les marbres, les tapisseries, les lustres de cristal et de pierres précieuses, les tapis admirables, les tableaux qui constituent le premier fonds du Musée du Louvre, les glaces, les armoires de Boulle, les meubles d'argent, les porcelaines, les consoles d'une richesse inouïe décorent des pièces glaciales et malodorantes.

L'enthousiasme est pourtant loin d'être unanime. Ainsi Mme de Maintenon gémit-elle : « Il faut périr en symétrie ! » Mais Louis XIV ne se soucie pas de ces misères. Il crée un prodigieux musée de la splendeur française et convie l'univers à l'admirer. Son appel est entendu. De France et de l'étranger, on accourd en foule. Deux fois par jour, un service de coches amène les gens de Paris. Tout visiteur convenablement habillé peut parcourir les jardins et les galeries, assister au souper et au jeu de Leurs Majestés. Il y a, en un seul jour, jusqu'à six mille curieux. C'est une foire, une cohue où ne manquent ni les voleurs ni les mendiants. Le Roi doit parfois renoncer à sa promenade à cause de la foule.

Louis XIV met de la sorte un terme à l'âge humain pendant lequel la monarchie est restée constamment proche des Français. Le Roi solaire, planant à mi-chemin de la terre et du ciel, prend un caractère quasi fabuleux. Mais il cesse progressivement de connaître ses sujets : un jour, il leur deviendra complètement inconnu.

En août 1682, un tel avenir n'est pas encore imaginable. Le 6, Mme la Dauphine attend sa délivrance. A dix heures du soir, elle accouche d'un beau prince, Louis, duc de Bourgogne. « On devint presque fou, écrit l'abbé de Choisy. Chacun se donnait la liberté d'embrasser le Roi. La foule le porta jusqu'à son appartement. Il se laissait embrasser par qui voulait. » Parmi les illuminations, les feux de joie, le carillon des cloches, le tonnerre des canons, la France entière délire.

Cette naissance du duc de Bourgogne marque l'apothéose de la dynastie qui, depuis sept siècles, s'identifie à la France. (D'après Philippe Erlanger, *Louis XIV*, Librairie Académique Perrin.)

LE CHIEN/TERRE
(vous êtes né en 1910 et 1970)

Le zénith humide s'écoula lentement du ciel, afin d'enfanter la TERRE.

La tendance Chien/Terre

Terre de l'après-midi, terre humide et chaude de l'été. Terre symbole du nid douillet, du confort et de l'abondance, terre des transformations lentes et profondes.

Le Chien/Terre est généralement plutôt égoïste. En effet, cèdant à son angoisse, et à sa peur de s'engager, il n'aime

pas prendre de risque. Par contre, sa réussite matérielle le préoccupe au plus haut point. Avide de notoriété, tourmenté par un puissant besoin d'être publiquement reconnu, il se consacre, corps et âme, à ses entreprises, à la réalisation de ses ambitions sociales. On le croit parfois généreux et dévoué : ce n'est le plus souvent de sa part que de l'opportunisme. Au besoin, il n'hésite pas à se servir du travail des autres et à en tirer profit — le plus simplement du monde. Ces dispositions, spécifiques de l'élément Terre, ne sont pas très faciles à intégrer, pour un Chien, car elles sont en contradictions avec la nature profonde de l'animal. Reste au Chien/Terre la possibilité d'une recherche intérieure, d'un travail sur lui-même. Il devra alors utiliser la Terre comme symbole du refuge et de la méditation.

La santé Chien/Terre

L'organe Terre est la rate, son goût est le doux. Le Chien/Terre devra faire de l'exercice et ne pas céder à l'auto-satisfaction... ni à la boulimie, sous peine d'embonpoint dans ses vieux jours.

Le Chien/Terre et les autres

Le Chien/Terre sera réaliste et pragmatique. Il sera également rusé, imaginatif et créateur, mais principalement dans le domaine des affaires et du commerce. Par ailleurs, il restera prudent, méfiant, et ne s'engagera pas à la légère. Il fera un excellent banquier, un gérant de biens, un notaire, un huissier ou un homme politique. Il choisira un métier qui lui permettra de se construire une réputation ou une fortune qu'il gèrera méticuleusement, jalousement. En effet, il sera soupçonneux, même pour ses proches. Le Chien/Terre n'hésitera pas à exploiter ses collaborateurs ou les gens de sa famille pour arriver à ses fins. Despotique et autoritaire, il aura tendance à être vampirisant pour son entourage. Mais le Chien, en tant qu'animal, est fidèle et loyal : le Chien/Terre aura donc ses moments d'amitié sincère, mais les contradictions ne le gênant nullement, il reprendra d'une main ce qu'il aura donné de l'autre. On le croirait atteint parfois d'une étrange amnésie...

Des conseils pour un Chien/Terre

Creusez un peu... votre élément, laissez parler en vous le

Chien droit et fidèle, à la recherche du paradis, le Chien guide et compagnon des hommes.

UNE ANNÉE CHIEN/TERRE

Le point de force pour une année Chien/Terre sera l'été.

Été de la fertilité, de l'abondance, où le Chien se verra libéré de sa tâche quotidienne, la recherche de sa nourriture − lot de chaque animal. Mettez cette période au service de votre esprit et de votre cœur, travaillez sur vous-même, et ouvrez-vous ensuite aux autres, vous repousserez vos propres limites et élargirez votre vision du monde...

Exemple historique d'une année Chien/Terre

1610

Au début de l'année, un certain Ravaillac se présente au Louvre, et essaye d'en forcer l'entrée. Il veut voir Henri IV. Fouillé et interrogé, il est chassé sur l'ordre du roi. Quelques jours plus tard, il s'efforce d'attirer l'attention du souverain qui passe dans son carrosse près de la Bastille : « Au nom de Notre-Seigneur Jésus et de sa Sainte Mère, laissez-moi vous parler ! » Henri repousse l'importun, et Ravaillac disparaît dans la foule. Tourmenté par l'obsession d'assassiner le monarque, il s'arrête un jour à Etampes, devant un crucifix de pierre, où il croit voir un regard de réprobation pour ses atermoiements. Du coup, il rentre à Paris, pénètre dans une auberge et y vole un couteau de cuisine.

Henri IV est alors en pleins préparatifs guerriers. Il a mis sur pied une armée de 40 000 hommes, et amassé un trésor suffisant pour entretenir ses troupes pendant trois ans sans réclamer à ses sujets de nouveaux impôts. L'ennemi visé semble bien être l'Espagne : Sully affirmera pour sa part qu'il rêvait d'établir en Europe une République chrétienne, véritable préfiguration des États-Unis d'Europe...

« Un conseil des ministres devait se tenir à l'Arsenal, Sully malade ne pouvant se rendre au Louvre. Le roi hésitait à partir. "Irai-je ou n'irai-je pas" dit-il deux ou trois fois à la reine. Finalement, il embrassa tendrement sa femme, descendit l'escalier, renvoya ses gardes, et monta dans son carrosse, accompagné du duc d'Epernon et de deux gentilshommes. Quand le lourd et encombrant véhicule quitta la rue Saint-Honoré pour entrer dans l'étroite rue de la Ferronnerie, il trouva le passage obstrué par deux charrettes, l'une chargée de foin, l'autre de tonneaux de vin. Quelques valets de pied de l'escorte s'étaient écartés pour frayer un chemin au cortège. Pendant quelques minutes, celui-ci se trouva arrêté près d'une petite boutique, à l'enseigne d'un cœur percé d'une flèche. C'était le moment que guettait Ravaillac qui, sans être aperçu, suivait le carrosse depuis le Louvre. Posant un pied sur une borne et l'autre sur une des roues de la voiture, il frappa de son couteau le roi par derrière. Au premier coup, Henri leva son bras gauche en murmurant : "Je suis blessé." L'assassin porta un deuxième coup qui atteignit la victime au cœur. » (G. Slocombe, *Henri IV*, Payot.)

Ravaillac a-t-il agi seul ? Beaucoup d'hypothèses ont circulé à ce sujet, incriminant noatamment d'anciens sympathisants de la Ligue, ou des catholiques fanatiquement hostiles à une guerre franco-espagnole. Mais aucune certitude n'a pu être établie à ce jour.

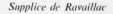

Supplice de Ravaillac

LE CHIEN/MÉTAL
(vous êtes né en 1934)

Venant d'ouest, dans le ciel, la sècheresse effleura la peau de la terre et enfanta le MÉTAL.

Le Métal est du soir, de l'automne et du froid.

Le Chien/Métal balancera entre la beauté et la mort, oscillera, parfois douloureusement, entre la réussite matérielle et les préoccupations spirituelles, cherchant un succès éclatant, mais aussi une lumière plus intérieure et plus secrète. Hélas, tel le papillon, il aura tendance à s'y brûler, à s'y détruire. Le Chien/Métal est perspicace et lucide, mais il ne peut s'empêcher de se torturer lui-même en freinant ses impulsions, jugulant ses élans, et se coupant de ses racines profondes. Il se construit ainsi lui-même sa prison, forge ses propres chaînes, s'imposant des carcans de règlements et des camisoles de dogmes. Pourtant, même de Métal, il reste Chien, plein d'intuition et de visions subtiles. Mais son armure le condamne à la solitude, au doute, et au tâtonnement vers la lumière.

La santé Chien/Métal

L'organe Métal est le poumon, son goût est l'âcre. Le Chien/Métal possède le remède à ses maux, à condition qu'il veuille bien daigner être à l'écoute de son corps, et qu'il cesse de « s'empêcher de respirer »...

Le Chien/Métal et les autres

Le Chien/Métal ne s'encombrera pas de scrupule : au nom de sa réussite il transgressera fréquemment les principes du Chien, qui est l'incarnation même de la loyauté et de l'honnêteté. Pour lui, pas de sentiments inutiles, pas d'actes gratuits ni de perte de temps − pas plus que de diplomatie. S'il accède aux plus hautes responsabilités, le Chien/Métal possèdera un sens très développé du commandement ; tout sera soigneusement programmé, organisé, il ne laissera rien au hasard, toute chose devra dépendre de sa seule volonté. Toutefois, le doute en lui persistera, et ce sera pour s'en protéger qu'il tranchera, se refusant à arrondir les angles, à envisager des nuances, à tempérer ses jugements. Pour tout dire, le Chien/Métal sera pénible à vivre et, s'il n'y prend garde, il finira sa vie seul, face à lui-même et à ses contradictions.

Un chasseur implacable

Des conseils pour un Chien / Métal

Dans toute armure, il y a une faille, vous seul pouvez la localiser... à condition de le vouloir : c'est là qu'intervient votre libre arbitre.

UNE ANNÉE CHIEN / MÉTAL

Le point de force pour une année Chien / Métal sera la saison d'automne.

Essayez d'étendre votre champ de vision, d'ouvrir votre cœur et d'écouter votre corps, il y va de votre équilibre général. Apprenez à être attentif aux autres et méditez sur la célèbre formule : « un esprit sain dans un corps sain... ».

Exemple historique d'une année Chien / Métal

1214

En 1199, succédant à son frère Richard Cœur de Lion, Jean sans Terre est monté sur le trône d'Angleterre. Souverain plutôt impopulaire, Jean se heurte à l'opposition de la plupart de ses vassaux. Suzerain du roi d'Angleterre, le roi de France Philippe Auguste reçoit la plainte que le comte de Poitiers dépose contre lui. Selon la procédure féodale, le monarque français somme l'Anglais de « comparaître ». Jean repousse dédaigneusement l'ultimatum. Philippe prononce alors la confiscation de ses fiefs et s'empare aussitôt de la Touraine, de l'Anjou, de la Normandie et de la Bretagne. Jean sans Terre noue fébrilement des alliances, ameutant notamment l'empereur du Saint-Empire germanique, Othon IV, et ses vassaux d'Aquitaine. C'est en Flandre que se déroule l'action décisive.

« Il est probable, écrit Michelet, que chaque armée ne dépassait pas quinze ou vingt mille hommes. Philippe, ayant envoyé contre Jean la meilleure partie de ses chevaliers, avait composé en partie son armée, qu'il conduisait lui-même, des milices de Picardie. Les Belges laissèrent Philippe dévaster les terres royalement pendant un mois. Il allait s'en retourner sans avoir vu l'ennemi lorsqu'il le rencontra entre Lille et Tournai près du pont de Bouvines (27 juillet 1214). Nos milices furent d'abord mises en désordre ; les chevaliers firent plusieurs charges ; dans l'une le roi de France courut risque de la vie : il fut jeté à terre par des fantassins armés de crochets. L'empereur

Othon eut son cheval blessé, et fut transporté dans la déroute des siens. La gloire du courage, mais non la victoire, resta aux routiers brabançons ; ces vieux soldats, au nombre de cinq cents, ne voulurent pas se rendre aux Français et se firent plutôt tuer. Les chevaliers s'obstinèrent moins, ils furent pris en grand nombre ; sous ces lourdes armures, un homme démonté était pris sans remède. Cinq comtes tombèrent entre les mains de Philippe Auguste, ceux de Flandre, de Boulogne, de Salisbury, de Tecklembourg et de Dortmund. Les deux premiers, n'étant pas rachetés par les leurs, restèrent prisonniers de Philippe Auguste. Il donna d'autres prisonniers à rançonner aux milices des communes qui avaient pris part au combat. (Michelet, *Histoire de France.*)

Grâce à Bouvines et à ses conséquences, Philippe Auguste aura quintuplé les possessions de la couronne de France.

TABLEAU ANALOGIQUE DES DIFFÉRENTS ÉLÉMENTS

Éléments	Bois	Feu
Années se terminant par	3 et 8	2 et 7
Couleurs	Vert	Rouge
Saisons	Printemps	Été
Climats	Vent	Chaleur
Saveurs	Acide	Amer
Organe principal	Foie	Cœur
Organe secondaire	Vésicule	Intestin grêle
Aliments	Blé, volailles	Riz, mouton

TABLEAU DE L'ENTENTE ENTRE LES ÉLÉMENTS

		Femme Bois
OOO excellent prospérité	**Homme Bois**	● ●
OO bonne harmonisation compréhension	**Homme Feu**	O
O nécessitant des efforts	**Homme Terre**	● ●
● rivalités et problèmes de domination réciproque	**Homme Métal**	O
●● mésentente et incompréhension	**Homme Eau**	O O

Terre	Métal	Eau
0 et 5	4 et 9	1 et 6
Jaune	Blanc	Bleu
Fin d'été	Automne	Hiver
Humide	Sec	Froid
Doux	Piquant	Salé
Rate	Poumons	Reins
Estomac	Gros intestin	Vessie
Maïs, bœuf	Avoine, Cheval	Pois, porc

Femme Feu	Femme Terre	Femme Métal	Femme Eau
○	○ ○ ○	○	○ ○
○	○ ○	●	● ●
○ ○	○ ○	○ ○ ○	●
● ●	●	● ●	○ ○ ○
● ●	●	○ ○ ○	○

LE CHIEN DES QUATRE SAISONS

Si vous êtes né au printemps

CHIEN/BÉLIER

Ce n'est pas mal du tout pour le Chien anxieux de naître sous le signe du Bélier. Cela lui apporte un petit zeste d'insouciance, le dynamise et l'aide à s'extérioriser. Le Chien/Bélier est moins tâtillon que ses congénères. Il sait réfléchir, analyser les situations, mais il est également capable d'agir vite, de foncer. En somme c'est un être assez complet.

Très idéaliste et peu préoccupé de son confort personnel, le Chien/Bélier fera plus d'efforts pour améliorer la vie quotidienne de ses proches que pour pouvoir s'acheter un costume neuf. Il se moque des apparences comme de sa première chemise – d'ailleurs peut-être qu'il porte toujours la même, bien propre mais un peu effrangée aux poignets... Les neuves, il les a distribuées aux pauvres. Il est trop généreux pour avoir le sens de la propriété. Si vous aimez que l'on soigne vos cadeaux, ne lui en offrez pas... Ce n'est pas par négligence, mais il pensera sincèrement qu'un tel en a bien plus besoin que lui.

Le Chien/Bélier a toutes les qualités d'un lutteur exceptionnel, à condition d'être motivé par une injustice quelconque. Mais le sens de la stratégie lui fait défaut. Il aurait besoin d'un compagnon pour dresser des plans de bataille à sa place.

CHIEN/TAUREAU

Là aussi, l'alliage est positif. Le Chien profitera du bon sens, de la constructivité et de la sensualité saine du Taureau. Il y perdra un peu de son scepticisme et apprendra à profiter de la vie. Intelligent et possédant une bonne faculté d'assimilation, il saura profiter des expériences et en tirer un enseignement. Réaliste, le Chien/Taureau peut faire un bon homme d'affaires, un chef apprécié par son sens de la justice et sa simplicité. Le moins que l'on puisse dire, c'est qu'il n'est pas snob : il aime être à l'aise, moralement et physiquement.

Il risque de rencontrer quelques difficultés sentimentales : passionné, fidèle, aimant, il est terriblement inquiet à l'idée de perdre ce qu'il aime. A force de chercher à se rassurer sur la valeur des sentiments qu'on lui porte, il devient parfois agaçant. Sur le plan matériel, il est également très attaché à ses possessions et souffre beaucoup du moindre renoncement. Chauvin, attaché à sa maison, à sa famille, à ses origines, il protège sa sécurité avec obstination. Un vrai Chien de garde... Si vous aimez un Chien/Taureau et qu'il vous rende ce sentiment, vous êtes tranquille pour la vie. Mais ménagez-le : c'est un gros sensible, un peu pataud et maladroit, et il a besoin de tendresse.

CHIEN/GÉMEAUX

La nervosité des Gémeaux, leur instabilité latente n'arrange pas les affaires du Chien. C'est un animal nerveux, qui ne tient pas en place et ne sait pas tellement s'il doit rester chez lui à protéger la maison, ou aller faire un tour dehors, histoire de voir ce qui s'y passe. Sa curiosité l'aide à surmonter son inquiétude ; il est sociable, aime la compagnie, mais peut surprendre par des alternances de bavardage et de repli sur soi.

En fait le Chien/Gémeaux est à la recherche d'une stabilité qu'il a du mal à trouver en lui-même. Il cherche, cherche, renifle partout... C'est un chien truffier ! A force de fouiner, il peut trouver un trésor, mais aussi se faire griffer par un chat en maraude, car il n'est pas assez méfiant ni sélectif dans ses relations. Ses enthousiasmes comme ses découragements sont intenses et l'exposent à vivre des hauts et des bas pendant une bonne partie de sa vie. Son parcours du combattant est fort proche des montagnes russes.

Soutenu par une personne stable et paisible qui l'aiderait à organiser sa vie et à définir ses buts, ses limites et ses frontières, le Chien/Gémeaux peut s'épanouir, devenir plus détendu et même brillant. Mais il n'est pas fait pour vivre seul.

Chien/Taureau : sensible et vulnérable

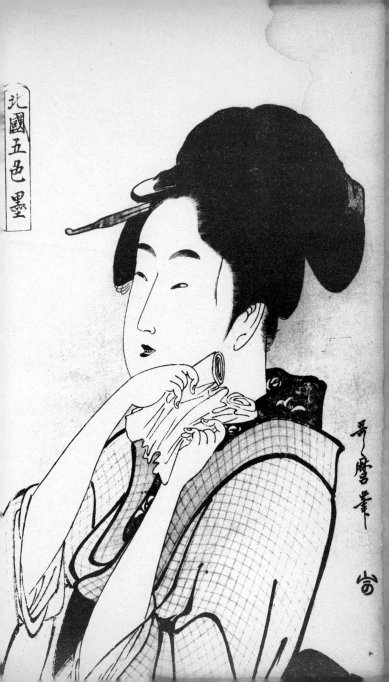

Si vous êtes né en été

CHIEN/CANCER

Si vous rencontrez un Chien/Cancer, ne vous fiez pas aux apparences. En effet, il semble souvent complètement indifférent, blasé, blindé. Abandonné de tous, vilipendé et incompris, il esquissera un petit sourire méprisant : « Je ne vais pas me laisser entamer par une telle bricole, voyons ! » Alors, vous vous direz « Mais il ne sent vraiment rien, ce type-là »... Et vous aurez tort, naturellement. Le Chien/Cancer est peut-être, parmi tous les alliages possibles entre signes chinois et signes occidentaux, le plus sensible, le plus émotionnellement fragile, le plus vulnérable. Mais c'est un champion de la tranquillité appliquée. Pourtant, sous sa cuirasse, il est couvert d'écorchures, et il cicatrise mal...

Le Chien/Cancer ressemble à un réservoir inépuisable rempli du « lait de la tendresse humaine » dont parlait Shakespeare. Il se met toujours à la place des gens, les comprend, les plaint et voudrait les défendre. Inutile de préciser que cela lui barre les carrières où un esprit combatif est indispensable... A moins que cela soit pour aider un opprimé contre d'affreux spéculateurs. On l'imagine bien « dans le social ». Il – ou elle – ira volontiers éplucher les légumes d'une famille dans le besoin, sous les yeux émerveillés d'un tas de mioches affamés. La soupe prête, il n'y aura pas besoin de la saler : il aura tellement pleuré dedans, en cachette...

CHIEN/LION

Chien de traîneau. S'il est motivé (élément toujours essentiel pour un natif du Chien) il fera, sans fatigue apparente, et sans se plaindre, le tour de la terre en traînant le lourd fardeau des responsabilités qu'il endosse avec une remarquable élégance. Il a, profondément, l'impression d'être quelqu'un de valable, d'avoir un pouvoir, un magnétisme dont beaucoup sont dénués. Et cette force, il veut l'utiliser dans un but non égoïste. C'est un grand monsieur, ce Chien/Lion.

Chien/Cancer : le lait de la tendresse humaine

Bien sûr, il a des points faibles : puisqu'il aime aider, il trouve incompréhensible que l'on refuse sa protection. De même, s'il se retrouve en queue de l'attelage, il dévorera tout crus les autres chiens jusqu'à ce que sa suprématie soit reconnue. Non, non, ce n'est pas par cruauté... Vous n'y êtes pas du tout ! Simplement, il n'est pas vraiment sûr de pouvoir faire confiance aux autres... Il vaut mieux pour tout le monde que ce soit lui qui mène le jeu. A vrai dire, personne n'allie à ce point une telle certitude de sa valeur avec un tel manque d'égoïsme. Attention : s'il se met à douter de lui, ce sera affreux. Sa Seigneurie Chien/Lion se transformera en petit roquet amer et revendicatif. Aidez-le à croire en son utilité...

CHIEN/VIERGE

L'œil inquiet, aux aguets, il reste dans sa niche, espérant de toutes ses forces que personne ne viendra attaquer son univers parfaitement structuré, car cela l'obligerait à se battre. Or il déteste ça. Ce Chien pacifique mais nerveux et angoissé cherche par tous les moyens à se protéger, à l'avance, de dangers auxquels il n'est pas certain de pouvoir faire face. Car en plus, il se dévalorise, il a des complexes, il est compliqué, crispé...

Doux et fidèle, il prend très au sérieux son rôle de gardien du foyer et des valeurs morales sans lesquelles, à son avis, la société ne serait plus qu'un épouvantable capharnaüm. Il a l'âme d'une sentinelle. Tout ira bien si l'armée est derrière les fortifications, prête à fondre sur l'envahisseur : car cela, ce n'est pas son job.

Le Chien/Vierge a grand besoin d'ordre : cela le sécurise. Il est minutieux, précis, et étiquette ses émotions pour ne pas les laisser le submerger. Pudique, timide, il ne sait se déclarer. Il vous regarde avec des yeux humides dans lesquels s'abrite toute la tendresse du monde. Un geste, et il vous sera dévoué, ad vitam aeternam. Une phrase sèche, et il courra se réfugier dans sa niche, l'oreille basse. Sensible et susceptible, il a besoin d'être sécurisé. Offrez-lui un système d'alarme modernisé : il pourra, enfin, dormir...

Si vous êtes né en automne

CHIEN/BALANCE

Le Chien/Balance est un individu sociable, hésitant et perfectionniste, qui recherche l'équilibre idéal mais fait preuve malgré lui d'une telle exigence, d'une telle sélectivité qu'il manque souvent une fleur à son parterre ou un cube à son édifice. Dans ce cas, il démolit puis il recommence, l'œil attentif : dans quelques siècles, il aura réussi à recréer le jardin d'Eden, sans le serpent, bien entendu.

Chien/Balance : particulièrement sociable

IL est bourré comme un canon de tout un tas de dons d'organisation, d'esthétisme, a beaucoup de tact, de sens des nuances : délicat, il n'oublie jamais un anniversaire et adore offrir des fleurs. Mais il n'impose que très rarement sa science et ses idées, pour éviter des histoires ou d'éventuels conflits. C'est un apôtre de la non-violence, un justicier conciliant qui avance sans heurts et résoud les problèmes avec discrétion et diplomatie. Il risque d'être souvent envahi d'un tas de parasites qu'il ne sait pas jeter dehors, car il a si bon cœur...

S'il veut faire vraiment quelque chose de concret dans la vie, il aurait intérêt à s'allier à quelqu'un d'énergique et d'entreprenant, sinon il pourrait sombrer dans le dilettantisme. Il faudrait également qu'il parvienne à se motiver pour un combat personnel, bien que ce soit plutôt contraire à sa nature... Il a un peu trop besoin des autres.

CHIEN/SCORPION

Le Chien/Scorpion n'est guère sociable et il déteste les manifestations mondaines ; plongé dans une ambiance superficielle (à ses yeux tout au moins) il critiquera allègrement l'assistance, les meubles, le quartier et les peintures, puis s'en ira en laissant derrière lui une assistance pétrifiée. Spécialiste des phrases percutantes mais parfumées au vitriol, il estime qu'il sera plus utile aux autres en leur servant une analyse bien sentie de leur comportement qu'en leur susurrant des flatteries sirupeuses et trop appuyées...

En fait, son problème se situe au niveau des différences profondes qui le séparent du reste de l'humanité. Incapable, viscéralement, d'embellir sa vie de petites compromissions, le Chien/Scorpion est souvent solitaire et développe aisément une sorte de complexe d'exclusion : il se sent rejeté, repoussé, même lorsque ce n'est pas le cas. Inquiet, anxieux, angoissé, tourmenté, il est doté d'une lucidité qui l'éloigne à tout jamais des illusions réconfortantes. Il peut en devenir cynique et désabusé. Il a pourtant de grandes qualités : force intérieure, résistance, courage, abnégation... Mais ne sait guère s'en servir au niveau du quotidien.

Évitez, autant que possible, de l'attaquer : c'est un méfiant virulent, et, dans le combat, il adopte volontiers la philosophie expéditive du « on tire d'abord, on cause après... ».

CHIEN/SAGITTAIRE

Chien indépendant. Il a besoin d'espace, de liberté, et ne saurait se contenter d'être sorti deux fois par jour. Il a tendance, tant sa vitalité est grande, à gambader et à aboyer un peu après tout les passants... Il est donc important de lui inculquer, dans son jeune âge, un minimum de discipline et de respect des convenances, moyennant quoi il fera de grandes choses.

Le Chien/Sagittaire est un idéaliste au sang chaud qui se serait certainement senti plus à son aise en chevalier du Moyen Age, portant haut les couleurs de sa belle, qu'aujourd'hui, obligé de faire la queue aux guichets des Postes ou de la Sécurité sociale. Le Service, il est pour, mais il faudrait que ça aille vite.

C'est aussi un moraliste, un défenseur du droit à tous les niveaux, à condition que cela parte d'une certaine hauteur. Il a tendance à qualifier les soucis journaliers de mesquins. Actif, il entraînerait volontiers tout le monde dans sa quête du Graal. Pourvu que l'intendance suive... Dans ses amours, le Chien/Sagittaire est fidèle, non pas par conformisme mais par sens de l'honneur. Toute tromperie lui est odieuse, et il souffre beaucoup lorsque la loyauté d'autrui n'est pas au rendez-vous.

Si vous êtes né en hiver

CHIEN/CAPRICORNE

Il me fait penser un peu à ces merveilleux chiens de berger qui veillent aux abords des grands troupeaux, apparemment paisibles mais au fond en perpétuelle alerte, prêts à ramener vers la sécurité les brebis égarées et les agneaux récalcitrants. Le Chien/Capricorne a un sens très élevé de son devoir et de ses responsabilités, et il ne dort que d'un œil. Réservé, froid, distant, quand il sourit on a l'impression qu'il fait la grimace : c'est qu'il n'a pas l'habitude... On le croit détaché, glacial, insensible, parce qu'il n'est pas démonstratif, ni bavard, ni éloquent. Mais quand vous serez dans la dèche, il vous aidera. Pas avec des paroles réconfortantes (ça, il ne peut pas...) mais avec des actes. C'est bien agréable...

Le Chien/Capricorne est un émotif rentré qui se cache derrière un très bel édifice d'ironie. Mais qu'un sentiment l'envahisse, et il perd ses moyens, rougit, pâlit... et devient muet comme une carpe.

C'est un être fort sécurisant mais pas très facile à vivre car il est incapable d'accepter le moindre compromis. D'une honnêteté sourcilleuse, il respecte imperturbablement ses nombreux principes moraux et fait son devoir. « Fais énergiquement ta longue et lourde tâche, dans la voie où le sort a voulu d'appeler, puis, après comme moi, souffre et meurs sans parler. » Cela ne vous rappelle rien ?

CHIEN/VERSEAU

Ingénieux et idéaliste, il rencontre rarement des tâches à la hauteur de son ambition et malgré toute sa bonne volonté ne se sent pas souvent motivé. D'où une vague amertume, de l'insatisfaction, dissimulées sous un comportement caustique. Le Chien/Verseau a un humour un peu cynique et désabusé dont il joue à merveille, mais il se demande souvent ce qu'il fait là. Si on l'attaque, il n'entend pas. Si on attaque ceux qu'il aime, il mord. Attention : il ne faudrait pas le prendre, à cause de son abord paisible, pour

Chien/Capricorne: *froid et distant*

un toutou-à-sa-mémère. Le Chien/Verseau est tout à fait capable de se battre. D'un air absent. Il me fait penser à cette phrase de Jean Anouilh : « si les soldats se mettaient à réfléchir, il n'y aurait plus qu'à apporter des chaises sur les champs de bataille »...

Il possède, à un degré intense, cette sorte de courage lucide qui en amène certains à risquer leur vie pour une cause à laquelle ils ne croient pas tout à fait. Fidèle à ses amitiés, dévoué à sa famille, il est généreux, indulgent, peu autoritaire. Mais secret. Lui arracher une confidence tient du miracle. Si vous y parvenez, ne vous étonnez pas s'il disparaît quinze jours : il récupère...

CHIEN/POISSONS

Chien imaginatif et charitable, il sera heureux et équilibré à condition d'avoir une vie affective stable. Il est en effet capable de souffrir interminablement, de s'enfoncer dans le pessimisme et la mélancolie, s'il ne peut extérioriser son affectivité.

Le Chien/Poissons adore rendre service, et il n'est jamais si heureux que lorsqu'on lui dit « je ne pourrais rien faire sans toi ». Cela le justifie et lui donne l'impression d'exister. Le problème, c'est sa passivité. Il laisse volontiers aux autres les responsabilités matérielles et le soin de faire bouillir la marmite ; d'ailleurs, il n'est ni ambitieux, ni intéressé. On le voit très bien en hippie souriant, un peu déguenillé. Vous fondrez quand il viendra chanter sous vos fenêtres des ballades nostalgiques parlant d'un monde de paix, d'amour et d'harmonie. Au bout de quelques années, vous regretterez qu'il ne fasse que chanter.

Le Chien/Poissons a besoin d'une profession ne nécessitant ni discipline, ni structures précises. Vivre à son rythme en ayant juste de quoi manger suffit à son bonheur. Surtout, ne le bousculez pas. Cela pourrait le rendre enragé...

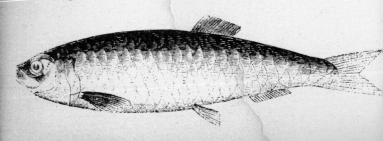

LE JEU ASTROLOGIQUE DU YI-KING

LE YI KING ET LE CHIEN

Le Yi King est un jeu divinatoire. Vous posez votre question, vous obtenez une réponse. Mais en posant votre question, vous la posez avec votre identité CHIEN. Les rouages, le mécanisme complexe de votre esprit viennent de se mettre en route. Vous posez une question CHIEN, le Yi King répond une « solution » CHIEN sur laquelle vous pourrez méditer en CHIEN avant d'y porter une conclusion CHIEN.

Pour vous, Maître CHIEN, voici les 64 hexagrammes du Yi King, 64 hypothèses... CHIEN.

L'opérateur se trouvera devant un hexagramme qui est « l'hypothèse-réponse » à sa question, ou plus justement la synthétisation des forces qui se meuvent pour l'affaire ou l'événement attendu.

Comment procéder :

1. *La question.*

Posez une question, au sujet de n'importe quel problème, passé, présent ou à venir, vous concernant personnellement. (Pour quelqu'un de votre entourage, consultez le jeu du Yi-King correspondant à son signe chinois, dans l'ouvrage consacré à son signe.)

2. *Le tirage.*

Il doit s'effectuer dans la concentration.
Prenez **trois pièces de monnaie** ordinaires et semblables — par exemple trois pièces de vingt-cinq cents.

Avant de commencer adoptez la convention suivante :

Face = *le chiffre 3*

Pile = *le chiffre 2*

Jetez les pièces.

Si le résultat est : deux pièces côté Face et, une côté Pile, vous inscrivez 3 + 3 + 2. Vous obtenez donc un total de 8, que vous représentez par un trait plein ————

Même figure si vous avez trois côtés Face (3 + 3 + 3 = 9)

Si vous obtenez deux côtés Pile et un côté Face (2 + 2 + 3 = 7) ou trois côtés Pile (2 + 2 + 2 = 6), vous dessinez deux traits séparés —— ——

En résumé, 8 et 9 correspondent à ———— (Yang)

6 et 7 correspondent à —— —— (Yin)

Répétez cette opération *six fois,* en notant lors de chaque jet la figure obtenue, que vous dessinerez, sur un papier, en procédant, de la première à la sixième figure, de bas en haut.

Le résultat final, comprenant un trigramme du bas, ou trigramme inférieur (exemple : ▬▬ ▬), et un trigramme du haut, ou trigramme supérieur (exemple : ▬▬▬) sera

un hexagramme du Yi King, dans notre exemple :

Vous n'aurez plus qu'à rechercher son numéro dans la table *(page 108),* puis à consulter la liste des hexagrammes pour trouver la réponse attendue. Dans notre exemple, l'hexagramme obtenu est le 63.

TABLE DES HEXAGRAMMES

Trigrammes	supérieurs ☰	☷	☳
Inférieurs			
☰	1	11	34
☷	12	2	16
☳	25	24	51
☵	06	7	40
☶	33	15	62
☱	44	46	32
☲	13	36	55
☴	10	19	54

Utilisez cette table pour retrouver les hexagrammes.
Le point de rencontre entre les trigrammes inférieur
et supérieur indique le numéro de l'hexagramme
que vous recherchez.

supérieurs

☵	☶	☴	☱	☳
5	26	9	14	43
8	23	20	35	45
3	27	42	21	17
29	4	59	64	47
39	52	53	56	31
48	18	57	50	28
63	22	37	30	49
60	41	61	38	58

七十八百二

La folie juvénile

LES HEXAGRAMMES DU CHIEN

K'IEN

1 *Le créateur :* l'énergie, la force, la volonté et l'esprit créateur. Le Chien inquiet devra prendre le temps comme auxiliaire, et non comme instrument de ses angoisses : qu'il cesse de se projeter constamment dans l'avenir − c'est obsédant et stérile.

K'OUEN

2 *Le réceptif :* vous êtes sensible et intuitif, vous ne pourrez négliger cette terre qui vous porte docilement, elle est votre partenaire.

TCHOUEN

3 *La difficulté initiale :* vous ne pouvez continuer à marcher dans le brouillard, même avec une bonne vue... d'autant plus que vous avez le pouvoir d'influencer le temps. Alors, utilisez à fond cette précieuse faculté.

MONG

4 *La folie juvénile :* « ce n'est pas moi qui recherche le jeune fou, c'est le jeune fou qui me recherche... » Ce n'est pas au « jeune chien » qu'on apprend à faire des cabrioles. Nier l'obstacle n'écarte pas le danger − connaître le péril, c'est déjà en limiter les effets.

SU

5 *L'attente :* ne doit pas être source d'angoisse, mais maîtrise de soi. Oubliez tout ce qui n'est pas le *ici maintenant*.

SONG

6 *Le conflit :* cherchez le dialogue plutôt que l'attaque. Celle-ci ne vous serait guère favorable. Ne vous abandonnez pas à vos pulsions agressives.

SZE

7 *L'armée :* cherchez à vous unir afin de mieux lutter ; la soumission demandée n'est qu'une question de bonne volonté. Elle vous sera profitable à tous points de vue.

PI

8 *La solidarité :* et ses diverses expressions : famille, groupe, syndicat, nation, église, dans le but de vaincre. Vous y aurez une place privilégiée.

SIAO TCH'OU

9 *Le pouvoir d'apprivoisement du petit :* n'évaluez pas la distance d'après la longueur de votre laisse : une telle méthode vous induirait en de tragiques erreurs.

LI

10 *La marche :* « Marchez sur la queue du Tigre, il ne mord pas l'homme ». Même pour un chien de chasse ou un chien policier, l'opération reste délicate et demande du savoir-faire, du tact... Veillez à respecter scrupuleusement les protocoles et les usages.

TAI

11 *La paix :* elle n'est pas plus solide que celle des chiens et des chats : n'insistez pas, délimitez votre territoire, restez tranquillement chez vous, ne provoquez pas vos voisins − la moindre étincelle pourrait tout faire sauter.

P'I

12 *La stagnation :* vous n'avez pas besoin de vous jucher au sommet de votre niche, dans une pose hiératique. Adoptez plutôt une position confortable, décontractée – et laissez passer l'averse...

T'ONG JEN

13 *La communauté avec les hommes :* vivez au grand jour, opérez en plein soleil, à la lumière naturelle, ayez confiance en vous, le succès est assuré. Surtout, n'écoutez pas les démons intérieurs qui vous poussent à vous replier sur vous-même.

TA YEOU

14 *Le Grand Avoir :* ...le plus difficile est de le conserver – surtout lorsque s'en mêle une anxiété chronique et presque pathologique.

K'IEN

15 *L'humilité :* rechercher l'équilibre, rester fidèle à ses principes, à sa ligne de vie, pour un Chien c'est chose faisable, à condition qu'il ne doute pas systématiquement de son destin et de ses possibilités.

YU

16 *L'enthousiasme :* il faudra vaincre votre pessimisme, vous montrer plus percutant, plus mordant. Devenez jeune loup, brisez votre collier : vous pouvez, par vous-même, et en toute indépendance, entreprendre de grandes choses.

SOUEI

17 *La suite :* ou le résultat de votre charme insolite et de vos sortilèges. Votre séduction un peu étrange et mélancolique opère pleinement.

KOU

18 *Le travail sur ce qui est corrompu :* ne prenez pas la terre à témoin de vos malheurs, soyez plus convaincu, moins masochiste, redressez la tête, vous ne montez pas à l'échafaud...

LIN

19 *L'approche :* évaluez soigneusement vos chances et vos possibilités avant de vous engager. Des décisions prématurées pourraient vous être fatales.

KOUAN

20 *La contemplation :* montez au sommet de la tour pour y méditer, mais n'oubliez pas d'en redescendre. Autrement, votre solitude risquerait de se transformer en prison.

CHE HO

21 *Mordre au travers ou le procès criminel :* passez à l'attaque, mordez à pleines dents, faites un exemple : n'êtes-vous pas le gardien, le Cerbère menaçant ? Le mensonge ne passera pas.

PI

22 *La grâce :* même si l'on vous offre un bel os, assurez-vous que ce n'est pas un piège, qu'aucune bombe ne s'y dissimule. Faites fonctionner à fond votre flair : les manigances de vos ennemis se retourneront contre eux.

PO

23 *L'éclatement :* ne vous engagez pas sur un terrain marécageux ; si vous êtes en montagne, prenez garde à l'avalanche ou à l'éboulement, dont les prémices ne sont pas visibles à l'œil nu... Redoublez de prudence, mais sans panique ni pusillanimité.

FOU

24 *Le retour :* quittez votre niche, retrouvez l'air libre et la lumière, gambadez dans les prés, laissez-vous griser par les parfums de la nature et les couleurs du ciel. Le printemps est là !.

WOU WANG

25 *L'innocence :* vous êtes intuitif, instinctif, vous avez du flair, mais il peut vous arriver de vous tromper : ne persistez pas alors à suivre la mauvaise piste : elle risquerait de vous conduire à la fourrière.

TA TCH'OU

26 *Le pouvoir d'apprivoisement du grand :* puissance et force. Alors, pour une fois, ne doutez pas de vous – mais pensez quand même à vous remettre en cause, il est indispensable de bouger pour éviter de s'enliser.

YI

27 *Les commissures des lèvres :* alimentation du corps et de l'esprit : même avec une faim de loup, et une soif de connaissance, il ne suffit pas d'ingurgiter, il faut savoir digérer... Plus vous absorbez, matériellement et spirituellement, plus l'assimilation est délicate.

TA KOUO

28 *La prépondérance du grand :* malgré votre fidélité et votre loyauté, n'endossez pas, même au nom de l'amitié, des fardeaux et des responsabilités que vous ne pourriez assumer. Méfiez-vous de votre tendance au sacrifice, pour jouer les sauveurs.

KAN

29 *L'insondable, l'eau :* vous qui êtes gardien, restez en éveil, sur vos gardes, ce n'est surtout pas le moment d'abandonner votre poste. L'ennemi en profiterait pour déferler, et vous anéantir.

LI

 30

Ce qui s'attache, le feu : ne cherchez pas à tirer sur votre chaîne, détachez plutôt votre collier. La véritable indépendance est dans la compréhension profonde des liens intimes qui vous unissent au reste de l'univers.

HIEN

 31

L'influence : ne gaspillez pas vos atouts et vos possibilités en remettant à demain ce qui doit être fait le jour-même. Mettez-vous immédiatement au travail, sans vous laisser décourager par la difficulté de la tâche.

HONG

 32

La durée : ne vous interrogez pas indéfiniment et stérilement à propos du résultat obtenu, il est acquis, c'est l'essentiel. Épiloguer à ce sujet ne servirait à rien. Mais n'hésitez pas à vous remettre en cause de l'intérieur, à entreprendre sur vous-même un travail de rigueur et de lucidité – sans ressasser ni vous morfondre.

TCHOUEN

 33

La retraite : bien que vous supportiez difficilement la solitude, elle sera efficace ; mais ne hurlez pas à la mort pour annoncer votre décision. Retirez-vous discrètement, sans tambour ni trompette. Le silence est aujourd'hui votre plus sûr allié.

TA TCH'OUANG

 34

La puissance du grand : force - mouvement - énergie : ne vous laissez pas enivrer par votre course, vous pourriez la terminer dans un ravin, les pattes en sang... Vous êtes sur une lancée constructive, à condition de garder la tête froide.

TSIN

35 *Le progrès :* si l'on vous offre un second rôle, ne le prenez pas mal, ce n'est point pour vous laisser dans l'ombre ; habituez-vous à la lumière progressivement. Autrement vous risqueriez d'être ébloui, aveuglé, détruit. C'est dans l'obscurité qu'on aperçoit le mieux la clarté extérieure.

MING YI

36 *L'obscurcissement de la lumière :* ne vous découragez pas : vous seul connaissez la sortie de secours, vous êtes donc indispensable. De toutes parts on viendra quémander votre appui, vous supplier d'intercéder, de montrer le chemin.

KIA JEN

37 *La famille :* vous en avez besoin, elle fait partie de votre équilibre. Mais ne vous contentez pas d'un rôle passif : votre protection lui est nécessaire. Soyez plus que jamais le guide et le conseiller.

K'OUEI

38 *L'opposition :* il faut des chiens et des chats pour faire un monde. On ne vous demande pas de miauler, à chacun son langage...

KIEN

39 *L'obstacle :* vous êtes capable de franchir le mur d'un bond, mais attention à ce qui vous attend de l'autre côté : vous pourriez avoir des surprises très désagréables.

HIAI

40 *La libération :* vous êtes sorti du marécage, reprenez votre route habituelle, ne restez pas seul : les amis viendront à vous spontanément et le succès vous sourira — si vous chassez les mauvais souvenirs.

SOUEN

41

La diminution : quand il n'y a plus de viande, il y a peut-être des os, il faut accepter la situation et savoir discerner les bonnes intentions, sous les visages parfois rébarbatifs, et derrière les gestes ambigus.

YI

42

L'augmentation : pour une fois, n'hésitez pas à être opportuniste, croyez à la chance qui s'offre à vous, et sachez l'eploiter... Elle ne se représentera peut-être pas de sitôt.

KOUAI

43

La percée : optez pour une attitude ferme et autoritaire, au besoin, montrez les crocs... Ne vous laissez pas intimider ou impressionner. Vous êtes de force à résoudre les situations les plus critiques, et à liquider vos ennemis.

KEOU

44

Venir à la rencontre : vous n'êtes pas l'homme des compromissions et des eaux troubles, coupez les ponts... et méfiez-vous du chat qui dort en ronronnant : il a des griffes...

TS'OUEI

45

Le rassemblement : il faut, pour y participer, se sentir concerné, posséder de réelles affinités avec le groupe. Ne vous croyez pas obligé de vous mêler à la foule, et méfiez-vous des provocateurs : vous êtes, pour eux, une proie facile.

CHENG

46

La poussée vers le haut : vous allez être propulsé, connaître une brillante ascension hiérarchique. Ne faites pas marche arrière, soyez méticuleux, précis et ferme... Et ne changez pas d'itinéraire en cours de route.

TABLEAU GÉNÉRAL
DES ANNÉES CORRESPONDANT
AUX SIGNES CHINOIS (1)

LE RAT	LE BUFFLE	LE TIGRE
31.1.1900 / 18.2.1901	19.2.1901 / 7.2.1902	8.2.1902 / 28.1.1903
18.2.1912 / 5.2.1913	6.2.1913 / 25.1.1914	26.1.1914 / 13.2.1915
5.2.1924 / 24.1.1925	25.1.1925 / 12.2.1926	13.2.1926 / 1.2.1927
24.1.1936 / 10.2.1937	11.2.1937 / 30.1.1938	31.1.1938 / 18.2.1939
10.2.1948 / 28.1.1949	29.1.1949 / 16.2.1950	17.2.1950 / 5.2.1951
28.1.1960 / 14.2.1961	15.2.1961 / 4.2.1962	5.2.1962 / 24.1.1963
15.2.1972 / 2.2.1973	3.2.1973 / 22.1.1974	23.1.1974 / 10.2.1975

LE CHAT	LE DRAGON	LE SERPENT
29.1.1903 / 15.2.1904	16.2.1904 / 3.2.1905	4.2.1905 / 24.1.1906
14.2.1915 / 2.2.1916	3.2.1916 / 22.1.1917	23.1.1917 / 10.2.1918
2.2.1927 / 22.1.1928	23.1.1928 / 9.2.1929	10.2.1929 / 29.1.1930
19.2.1939 / 7.2.1940	8.2.1940 / 26.1.1941	27.1.1941 / 14.2.1942
6.2.1951 / 26.1.1952	27.1.1952 / 13.2.1953	14.2.1953 / 2.2.1954
25.1.1963 / 12.2.1964	13.2.1964 / 1.2.1965	2.2.1965 / 20.1.1966
11.2.1975 / 30.1.1976	31.1.1976 / 17.2.1977	18.2.1977 / 6.2.1978

LE CHEVAL	LA CHÉVRE	LE SINGE
25.1.1906 / 12.2.1907	13.2.1907 / 1.2.1908	2.2.1908 / 21.1.1909
11.2.1918 / 31.1.1919	1.2.1919 / 19.2.1920	20.2.1920 / 7.2.1921
30.1.1930 / 16.2.1931	17.2.1931 / 5.2.1932	6.2.1932 / 25.1.1933
15.2.1942 / 4.2.1943	5.2.1943 / 24.1.1944	25.1.1944 / 12.2.1945
3.2.1954 / 23.1.1955	24.1.1955 / 11.2.1956	12.2.1956 / 30.1.1957
21.1.1966 / 8.2.1967	9.2.1967 / 28.1.1968	29.1.1968 / 16.2.1969
7.2.1978 / 27.1.1979	28.1.1979 / 15.2.1980	16.2.1980 / 4.2.1981

LE COQ	LE CHIEN	LE SANGLIER
22.1.1909 / 9.2.1910	10.2.1910 / 29.1.1911	30.1.1911 / 17.2.1912
8.2.1921 / 27.1.1922	28.1.1922 / 15.2.1923	16.2.1923 / 4.2.1924
26.1.1933 / 13.2.1934	14.2.1934 / 3.2.1935	4.2.1935 / 23.1.1936
13.2.1945 / 1.2.1946	2.2.1946 / 21.1.1947	22.1.1947 / 9.2.1948
31.1.1957 / 15.2.1958	16.2.1958 / 7.2.1959	8.2.1959 / 27.1.1960
17.2.1969 / 5.2.1970	6.2.1970 / 26.1.1971	27.1.1971 / 14.2.1972
5.2.1981 / 24.1.1982	25.1.1982 / 12.2.1983	13.2.1983 / 1.2.1984

(1) *Les dates indiquées précisent le* **premier** *et* **dernier** *jour de l'année du signe.*

TABLE DES MATIÈRES

BIBLIOGRAPHIE

Catherine Aubier « *Astrologie Chinoise* » (France-Amérique)
Paula Delsol « *Horoscopes chinois* » (Mercure de France)
Xavier Frigara et Helen Li « *Tradition Astrologique chinoise* » (Dangles)
Jean-Michel de Kermadec « *Les huit signes de votre destin* » (L'Asiathèque)
Suzanne White « *L'astrologie chinoise* » (Tchou)

Pour le Yi-King :
Le livre des Mutations, (Éditions Médicis)
Le Yi-King, par Dominique Devic, (L'Autre Monde, n° 16)

ICONOGRAPHIE

● Collection personnelle des auteurs et du maquettiste.

Pour la quatrième partie :

● Japanese Prints - Drawings from the Vever Collection. Jack Millier Tomes 1, 2 et 3 (SOTHEKY PARKE BERNET, 1976).
● Gale Catalogue of Japanese Paintings and Prints - Jack Millier (Saners - Valansot Publication, 1970).

Achevé d'imprimer
en mars mil **neuf** cent quatre-vingt-trois
sur les presses de l'Imprimerie Gagné Ltée
Louiseville - Montréal.

Dépôt légal: 1er trimestre 1983
Bibliothèque nationale du Québec
Bibliothèque nationale du Canada

Imprimé au Canada